A arte da prudência

Dados Internacionais de Catalogação na Publicação (CIP)
(Câmara Brasileira do Livro, SP, Brasil)

Gracián y Morales, Baltasar, 1601-1658
A arte da prudência : dos aforismos que se encontram nas obras de Lorenzo Gracián / Baltasar Gracián ; tradução de Lucas Bernardes. – Petrópolis, RJ : Vozes, 2023. – (Coleção Vozes de Bolso)

Título original: Oráculo manual y arte de prudencia.
ISBN 978-65-5713-724-6

1. Prudência 2. Máximas espanholas
3. Sabedoria I. Título. II. Série.

22-134303   CDD-868

Índices para catálogo sistemático:
1. Máximas : Literatura espanhola   868

Eliete Marques da Silva – Bibliotecária – CRB-8/9380

Baltasar Gracián

A arte da prudência

Dos aforismos que se encontram
nas obras de Lorenzo Gracián

Tradução de Lucas Bernardes

Vozes de Bolso

Tradução realizada a partir do original em espanhol intitulado
Oráculo manual y arte de prudência.

© desta tradução:
2023, Editora Vozes Ltda.
Rua Frei Luís, 100
25689-900 Petrópolis, RJ
www.vozes.com.br
Brasil

Todos os direitos reservados. Nenhuma parte desta obra poderá ser reproduzida ou transmitida por qualquer forma e/ou quaisquer meios (eletrônico ou mecânico, incluindo fotocópia e gravação) ou arquivada em qualquer sistema ou banco de dados sem permissão escrita da editora.

CONSELHO EDITORIAL

Diretor
Volney J. Berkenbrock

Editores
Aline dos Santos Carneiro
Edrian Josué Pasini
Marilac Loraine Oleniki
Welder Lancieri Marchini

Conselheiros
Elói Dionísio Piva
Francisco Morás
Gilberto Gonçalves Garcia
Ludovico Garmus
Teobaldo Heidemann

Secretário executivo
Leonardo A.R.T. dos Santos

Diagramação: Daniela Alessandra Eid
Revisão gráfica: Lorena Delduca Herédias
Capa: Ygor Moretti

ISBN 978-65-5713-724-6

Este livro foi composto e impresso pela Editora Vozes Ltda.

Nota do tradutor

Lorenzo Gracián era o nome do irmão de Baltasar Gracián, e foi o pseudônimo utilizado por esse para a publicação da maioria das suas obras literárias. Sendo um sacerdote religioso da Companhia de Jesus, o jesuíta Baltasar Gracián precisava da autorização da ordem para a publicação dos seus livros. Ao assinar os seus trabalhos e obras utilizando o nome do seu irmão como pseudônimo, Gracián não necessitava da aprovação oficial da Companhia para a publicação dos seus tratados. Essa crescente tensão o fez imprimir a obra *El comungatório*, em 1655, com a explícita permissão da sua ordem, sendo essa, assim, a sua única obra que carrega o seu nome. A maioria das demais traz o pseudônimo Lorenzo Gracián.

Sumário

I – Tudo está no seu ápice, e o indivíduo, no seu auge, 21

II – Gênio e engenho, 21

III – Conduzir as suas coisas em suspense, 21

IV – O saber e o valor se revezam na grandeza, 22

V – Fazer depender, 22

VI – O homem no seu ápice, 23

VII – Evitar vitórias sobre superiores, 23

VIII – Homem imperturbável, dom da maior sublimidade de ânimo, 24

IX – Desminta os ataques contra a sua nação, 24

X – Fortuna e fama, 25

XI – Tratar com aqueles de quem se possa aprender, 25

XII – Natureza e arte, matéria e obra, 26

XIII – Trabalhar com as intenções, ora com a segunda, ora com a primeira, 26

XIV – A realidade e o modo, 27

XV – Ter auxílio inteligente, 27

XVI – Saber com reta intenção, 28

XVII – Variar o procedimento, 28

XVIII – Dedicação e Inteligência, 29

XIX – Não entrar em cena sob demasiada expectativa, 29

XX – O homem no seu devido século, 30

XXI – A arte de ser afortunado, 30

XXII – O homem de louvável conhecimento, 31

XXIII – Não ter nenhum defeito, 31

XXIV – A temperança da imaginação, 31

XXV – Bom entendedor, 32

XXVI – Achar o ponto fraco de cada um, 32

XXVII – Valorizar mais a intensidade do que extensividade, 33

XXVIII – Em nada vulgar, 33

XXIX – Homem de integridade, 34

XXX – Não fazer profissão de empregos rejeitados, 34

XXXI – Conhecer os afortunados para escolher a sua companhia, e os malogrados para fugir deles, 35

XXXII – Ter a fama de ser agradável, 35

XXXIII – Saber abstrair, 36

XXXIV – Conhecer o seu brilho-rei, 36

XXXV – Estabelecer conceitos, 37

XXXVI – Ter a sua fortuna em mãos, 37

XXXVII – Conhecer e saber fazer uso das provocações e insinuações, 38

XXXVIII – Saber parar, quando a sorte está ganhando, 38

XXXIX – Conhecer as coisas no seu ápice, no seu devido tempo, e saber alcançá-las, 39

XL – Cair na graça das pessoas, 39

XLI – Nunca exagerar, 40

XLII – A autoridade natural, 40

XLIII – Pensar com poucos e falar com muitos, 41

XLIV – Simpatia com os grandes homens, 41

XLV – Usar, e não abusar, do receio, 42

XLVI – Corrigir as suas antipatias, 42

XLVII – Não se empenhar ou se envolver em situações difíceis, 43

XLVIII – Quanto um homem tem de profundidade, tanto tem de personalidade, 43

XLIX – O homem judicioso e observador, 44

L – Nunca perca o respeito próprio, 44

LI – O homem que escolhe bem, 44

LII – Nunca se descompor, 45

LIII – Diligente e inteligente, 45

LIV – Ter brio, mas com sabedoria, 46

LV – O homem de espera, 46

LVI – Ter bons impulsos, 47

LVII – Os que pensam mais são mais seguros, 47

LVIII – Saber ser temperante, 48

LIX – O homem que deixa boas impressões, 48

LX – Bons julgamentos, 48

LXI – Eminência no que é melhor, 49

LXII – Operar com bons instrumentos, 49

LXIII – Excelência de ser o primeiro, 50

LXIV – Saber evitar pesares para si, 50

LXV – Bom gosto relevante, 51

LXVI – Atenção para que as coisas se saiam bem, 52

LXVII – Preferir as ocupações louváveis, 52

LXVIII – Dar entendimento, 53

LXIX – Não se render a um humor vulgar, 53

LXX – Saber dizer não, 54

LXXI – Não ser desigual, 54

LXXII – O homem de resolução, 55

LXXIII – Saber usar uma evasiva, 55

LXXIV – Não ser intratável, 56

LXXV – Escolher uma imagem heroica, 56

LXXVI – Não estar sempre brincando, 57

LXXVII – Saber tornar-se tudo a todos, 57

LXXVIII – Arte no intento, 58

LXXIX – Um gênio genial, 58

LXXX – Atenção ao informar-se, 59

LXXXI – Renovar o seu brilho, 59

LXXXII – Nunca se exceder nem no mal nem no bem, 60

LXXXIII – Permitir-se algum deslize venial, 60

LXXXIV – Saber fazer uso dos inimigos, 60

LXXXV – Não ser uma manilha, 61

LXXXVI – Prevenir as más línguas, 62

LXXXVII – Cultura e requinte, 62

LXXXVIII – Seja o trato sobranceiro, 63

LXXXIX – Compreensão de si, 63

XC – A arte de viver muito, 64

XCI – Agir sempre sem escrúpulos de imprudência, 64

XCII – Senso transcendental, 65

XCIII – O homem universal, 65

XCIV – A incompreensibilidade das capacidades, 66

XCV – Saber manter a expectativa, 66

XCVI – Sobre a grande sindérese, 66

XCVII – Alcançar e conservar a reputação, 67

XCVIII – Ocultar o intento da vontade, 67

XCIX – Realidade e aparência, 67

C – O homem livre do engano, 68

CI – Metade do mundo está rindo da outra metade, pela ignorância de todos, 68

CII – Estômago para grandes bocados de bem-aventurança, 69

CIII – Cada um tenha a majestade que lhe cabe, 69

CIV – Sentir o pulso dos ofícios, 70

CV – Não cansar os outros, 70

CVI – Não se gabar da sua fortuna, 71

CVII – Não demonstrar satisfação de si mesmo, 72

CVIII – Atalho para ser um homem de verdade, 72

CIX – Não ser recriminador, 73

CX – Não esperar até ser um sol que se põe, 73

CXI – Ter amigos, 74

CXII – Ganhar a pia afeição, 74

CXIII – Prevenir-se na prosperidade para a adversidade, 75

CXIV – Nunca competir, 75

CXV – Acostumar-se às más disposições daqueles que são familiares, 76

CXVI – Tratar sempre com pessoas de compromisso, 76

CXVII – Nunca falar de si, 77

CXVIII – Ganhar fama de cortês, 77

CXIX – Não se fazer malquisto, 78

CXX – Viver de acordo com a prática, 78

CXXI – Não criar causo sem causa, 79

CXXII – Senhorio no falar e no fazer, 79

CXXIII – O homem que não se afeta, 80

CXXIV – Chegar a ser desejado, 80

CXXV – Não ser um livro registro de maus antecedentes dos outros, 81

CXXVI – Não é tolo aquele que comete a tolice, senão aquele que, feita a tolice, não sabe encobri-la, 81

CXXVII – Uma graciosa desenvoltura em tudo, 82

CXXVIII – Espírito altivo, 82

CXXIX – Nunca se queixar, 83

CXXX – Fazer e fazer parecer, 83

CXXXI – Uma disposição galante, 84

CXXXII – Utilizar-se da reconsideração, 84

CXXXIII – Antes louco com todos do que sensato sozinho, 85

CXXXIV – Dobrar as necessidades da vida, 85

CXXXV – Não tenha espírito de contradição, 86

CXXXVI – Portar-se bem em todos os assuntos, 86

CXXXVII – Que o sábio se baste, 86

CXXXVIII – A arte de deixar estar, 87

CXXXIX – Conhecer o dia mau, 87

CXL – Ver logo o lado bom de cada coisa, 88

CXLI – Não ouvir a si mesmo, 89

CXLII – Nunca teime em seguir o pior lado, 89

CXLIII – Não cair em contradição por fugir do vulgar, 90

CXLIV – Entrar com a vontade alheia para sair com a sua, 90

CXLV – Não descobrir o calo, 91

CXLVI – Olhar por dentro, 91

CXLVII – Não ser inacessível, 92

CXLVIII – Ser dotado da arte de conversar, 92

CXLIX – Saber desviar os males a outro, 93

CL – Saber vender o seu peixe, 93

CLI – Pensar antecipadamente, 94

CLII – Nunca se associar com quem possa o ofuscar, 95

CLIII – Fuja de preencher grandes vazios, 95

CLIV – Não ser fácil nem para crer nem para querer, 96

CLV – Habilidade para lidar com as paixões, 96

CLVI – Amigos escolhidos, 97

CLVII – Não se enganar com as pessoas, 97

CLVIII – Saber fazer uso dos amigos, 98

CLIX – Saber suportar os néscios, 98

CLX – Falar com atenção, 99

CLXI – Conhecer os seus doces defeitos, 99

CLXII – Saber triunfar sobre a inveja e a malevolência, 100

CLXIII – Nunca incorrer, por compaixão do infeliz, no desfavor do afortunado, 100

CLXIV – Jogar algumas coisas no ar, 101

CLXV – Combater um bom combate, 101

CLXVI – Diferenciar o homem de palavras do homem de obras, 102

CLXVII – Saber ajudar a si mesmo, 102

CLXVIII – Não acabar como um monstro da ignorância, 103

CLXIX – Mais atenção para não errar nem uma vez do que para acertar cem, 103

CLXX – Manter uma reserva em todas as coisas, 104

CLXXI – Não desperdiçar favores, 104

CLXXII – Não se envolver com quem não tem nada a perder, 105

CLXXIII – Não ser de vidro no trato, 105

CLXXIV – Não viver às pressas, 106

CLXXV – O homem de substância, 106

CLXXVI – Saber ou escutar quem sabe, 107

CLXXVII – Evitar familiaridades no trato, 107

CLXXVIII – Crer no coração, 108

CLXXIX – A reticência é o selo da capacidade, 108

CLXXX – Nunca reger-se pelo que o inimigo deveria fazer, 109

CLXXXI – Sem mentir, não dizer todas as verdades, 109

CLXXXII – Um grão de audácia com todos é uma sabedoria importante, 110

Senão,

CLXXXIII – Não receber o conhecimento com intransigência, 110

CLXXXIV – Não fazer cerimônia, 111

CLXXXV – Nunca exponha a sua reputação toda de uma vez, 111

CLXXXVI – Conhecer os seus defeitos, 112

CLXXXVII – Tudo o que é favorável, fazer pessoalmente; tudo o que é odioso, fazer por terceiros, 112

CLXXXVIII – Trazer elogios, 113

CLXXXIX – Valer-se da privação alheia, 113

CXC – Achar consolo em tudo, 114

CXCI – Não se agradar de muita cortesia, 114

CXCII – Homem de paz, homem de longa vida, 115

CXCIII – Atente para aquele que entra com a intenção alheia para sair com a sua, 115

CXCIV – Ter uma ideia sensata sobre si e as suas coisas, 116

CXCV – Saber apreciar, 116

CXCVI – Conhecer a sua estrela da sorte, 117

CXCVII – Nunca se embaraçar com os néscios, 117

CXCVIII – Saber se transplantar, 118

CXCIX – Saber abrir o seu próprio caminho como um homem sensato, 118

CC – Manter algum objeto de desejo, 119

CCI – São tolos todos que parecem ser, e são meio tolos os que não aparentam ser, 119

CCII – Ditos e feitos fazem um homem consumado, 120

CCIII – Conhecer os homens eminentes do seu século, 120

CCIV – Empreender o fácil como difícil, e o difícil como fácil, 121

CCV – Saber lançar desprezo, 121

CCVI – Ter ciência de que o vulgar está em todas as partes, 122

CCVII – Ser comedido, 122

CCVIII – Não morrer da mazela do néscio, 123

CCIX – Livrar-se das necedades comuns, 123

CCX – Saber fazer uso da verdade, 124

CCXI – No Céu, tudo é alegria, no Inferno, tudo é pesar, 124

CCXII – Poupar sempre os últimos truques da sua arte, 125

CCXIII – Saber contradizer, 125

CCXIV – Não fazer, de uma estupidez, duas, 126

CCXV – Atenção com quem chega com segundas intenções, 126

CCXVI – Ter clareza, 127

CCXVII – Não se deve nem querer nem aborrecer para sempre, 128

CCXVIII – Nunca agir por teimosia, senão por atenção, 128

CCXIX – Não ser tido por homem ardiloso, 129

CCXX – Quando não puder vestir a pele de leão, vista a da raposa, 129

CCXXI – Não ser impulsivo e determinado pelas circunstâncias, 129

CCXXII – Homem contido, evidência de ser prudente, 130

CCXXIII – Não ser muito individualizado, 130

CCXXIV – Saber como levar as coisas, 131

CCXXV – Conhecer o seu defeito-rei, 131

CCXXVI – Atenção para criar obrigações, 132

CCXXVII – Não crer na primeira impressão, 132

CCXXVIII – Não ser maledicente, 133

CCXXIX – Saber repartir a sua vida sabiamente, 133

CCXXX – Abrir os olhos a tempo, 134

CCXXXI – Nunca fazer as coisas pela metade, 134

CCXXXII – Ser um pouco prático, 135

CCXXXIII – Não errar o gosto alheio na investida, 135

CCXXXIV – Nunca penhore a sua reputação sem o penhor da honra alheia, 136

CCXXXV – Saber pedir, 136

CCXXXVI – Pôr como uma obrigação antes através de um favor, aquilo que depois deveria ser um prêmio merecido, 137

CCXXXVII – Nunca partilhar segredos com superiores, 137

CCXXXVIII – Conhecer a parte que falta, 138

CCXXXIX – Não ser ríspido, 139

CCXL – Saber usar a necedade, 139

CCXLI – Suportar as piadas, mas não usá-las, 139

CCXLII – Prosseguir até alcançar, 140

CCXLIII – Não ser totalmente columbino, 140

CCXLIV – Saber criar obrigações nos outros, 141

CCXLV – Raciocinar algumas vezes de forma única e fora do comum, 142

CCXLVI – Nunca dar satisfação a quem não lhe pediu, 142

CCXLVII – Saber um pouco mais e viver um pouco menos, 142

CCXLVIII – Não se deixe levar pelo último, 143

CCXLIX – Não começar a viver por onde se deve acabar, 143

CCL – Quando se deve raciocinar ao contrário?, 144

CCLI – Deve-se buscar os meios humanos como se não houvesse divinos, e os divinos como se não houvesse humanos, 144

CCLII – Nem todo seu, nem todo alheio, 144

CCLIII – Não ser demasiadamente claro nos conceitos, 145

CCLIV – Não desprezar o mal por ser pouco, 145

CCLV – Saber fazer o bem, 146

CCLVI – Andar sempre prevenido, 146

CCLVII – Nunca chegar a romper relações, 147

CCLVIII – Buscar quem lhe ajude a carregar as infelicidades, 147

CCLIX – Prevenir as injúrias e fazer delas favores, 148

CCLX – Você nem será totalmente de ninguém nem terá alguém como totalmente seu, 148

CCLXI – Não prosseguir na estupidez, 149

CCLXII – Saber esquecer, 149

CCLXIII – Muitas coisas de bom gosto não serão possuídas como propriedade pessoal, 150

CCLXIV – Não tenha dias de descuido, 150

CCLXV – Saber como empregar os seus subordinados, 151

CCLXVI – Não ser mal de tão bom, 151

CCLXVII – Palavras de seda, com suavidade de compostura, 151

CCLXVIII – O sábio faz primeiro o que o néscio faz no final, 152

CCLXIX – Utilize a sua novidade, 152

CCLXX – Não condenar sozinho o que a muitos agrada, 153

CCLXXI – Aquele que sabe pouco apegue-se sempre ao mais seguro de toda profissão, 153

CCLXXII – Vender as coisas a preço de cortesia, 154

CCLXXIII – Compreender os gênios com os quais se trata, 154

CCLXXIV – Ser atrativo, 155

CCLXXV – De acordo com a corrente, mas não indecente, 155

CCLXXVI – Saber renovar o gênio com a natureza e com a arte, 156

CCLXXVII – Um homem que sabe se apresentar, 156

CCLXXVIII – Fugir da observação em tudo, 157

CCLXXIX – Não responder quando é contradito, 158

CCLXXX – O homem de lei, 158

CCLXXXI – Ter a graça dos entendidos, 159

CCLXXXII – Utilizar a ausência, 159

CCLXXXIII – Homem de sábias invenções, 160

CCLXXXIV – Não seja intrometido, 160

CCLXXXV – Não perecer pelo infortúnio alheio, 160

CCLXXXVI – Não se colocar totalmente sob obrigação, 161

CCLXXXVII – Nunca agir sob as paixões, 161

CCLXXXVIII – Viver de acordo com a ocasião, 162

CCLXXXIX – A maior mácula de um homem, 162

CCXC – [Não] é felicidade unir o apreço ao afeto, 163

CCXCI – Saber testar e sondar outras pessoas, 163

CCXCII – Que o seu talento natural vença as obrigações do seu emprego, 163

CCXCIII – Sobre a maturidade, 164

CCXCIV – Temperança na formulação de opiniões, 164

CCXCV – Não seja façanheiro, mas façanhoso, 165

CCXCVI – Homem de talentos, e talentos majestosos, 165

CCXCVII – Agir sempre como se estivesse sendo visto, 166

CCXCVIII – Três coisas fazem um prodígio, 166

CCXCIX – Deixar com fome, 167

CCC – Resumindo, ser santo, 167

Notas, 168

I[1]

Tudo está no seu ápice, e o indivíduo, no seu auge. Requer-se mais, hoje, para um sábio, do que, antigamente, para sete[2]; e mais é necessário para tratar com um só homem nestes tempos do que com todo um povo nos passados.

II

Gênio e engenho[3]. Os dois eixos em torno dos quais reluzem os talentos; um sem o outro: meia felicidade. Não basta o entendido, deseja-se o genial. A infelicidade do néscio: errar a vocação quanto ao estado, emprego, região e familiaridades[4].

III

Conduzir as suas coisas em suspense. A admiração da novidade significa a estima pelos acertos. Mostrar as cartas não é útil, nem agradável. Não se revelar rapidamente cria suspense, e ainda mais quando a sublimidade da ocupação dá margem à expectativa geral; insinua o mistério em tudo e com o seu próprio segredo provoca a veneração. Mesmo ao se dar a entender, deve-se fugir da franqueza, assim como no trato não se permitem todos ao seu interior. É o recatado silêncio sagrado do bom-senso. A resolução declarada nunca foi estimada; antes, abre-se à censura e, em caso de azar, será duas vezes infeliz. Imite-se, pois, o proceder divino, tanto ao criar expectativa quanto ao revelar-se.

IV

O saber e o valor se revezam na grandeza. Porque são imortais, fazem imortais: se é aquilo que se sabe, e o sábio tudo pode. Homem sem conhecimento: mundo às escuras. Conselho e força, olhos e mãos; sem o valor, a sabedoria é estéril.

V

Fazer depender. Não faz o nume aquele que o doura, senão aquele que o adora[5]. O sagaz quer mais que lhe necessitem do que que lhe agradeçam. É lhe roubar a esperança cortês o fiar-se no agradecimento vil, pois enquanto aquela se lembra, esse se esquece. Mais se ganha da dependência do que da cortesia; o satisfeito logo dá as costas à fonte, e a laranja espremida cai do ouro ao lodo. Acabada a dependência, acaba-se a correspondência e, com ela, a estima. Seja a primeira lição na experiência entreter a necessidade de si, e não a satisfazer, conservando-a sempre, ainda que seja num chefe coroado; mas não se deve chegar ao excesso de se calar para que o outro erre, nem fazer o dano alheio incurável para o proveito próprio.

VI

O homem no seu ápice. Não se nasce feito: a cada dia se aperfeiçoa em pessoa, em emprego, até se chegar ao ápice do ser consumado, à plenitude dos talentos, das excelências: há de se conhecer no aprimoramento do gosto[6], na purificação da engenhosidade, no amadurecimento do juízo, no produto da vontade. Alguns nunca chegam a ser capazes: sempre lhes falta algo; outros tardam em realizar-se. O varão consumado, sábio em palavras e sensato em obras, é admitido e até desejado na singular companhia dos discretos.

VII

Evitar vitórias sobre superiores. Todo o que vence é odioso, e triunfar sobre o seu senhor é ou néscio ou fatal. A superioridade sempre foi aborrecida, quanto mais pela própria superioridade. Vantagens comuns tendem a dissimular a atenção, como desmentir a beleza com o desleixo. Bem se achará quem queira ceder na fortuna e no gênio, mas, no engenho, ninguém, quanto menos um soberano. Esse é o atributo-rei e, assim, qualquer crime contra ele é de lesa-majestade. Eles são soberanos e querem ser assim no que é mais soberano. Os príncipes gostam de ser ajudados, mas não superados, e que o aviso aconselhado seja antes visto como uma recordação daquilo que esqueceram, e não como uma luz daquilo que não alcançaram. Com alegria os astros nos ensinam essa sutileza, pois, embora filhos deste e brilhantes, nunca se atrevem a competir com o esplendor do sol.

VIII

Homem imperturbável, dom da maior sublimidade de ânimo: a sua própria superioridade lhe redime da sujeição a impressões vãs e passageiras. Não há senhorio maior que o de si mesmo, dos próprios afetos, o que chega a ser o triunfo do arbítrio; e quando a paixão dominar o pessoal, não se atreva ao ofício, menos ainda quanto maior ele for: esse é um modo culto de se poupar de desgostos e ainda de prover um atalho para a boa reputação.

IX

Desminta os ataques contra a sua nação. A água participa das qualidades, boas ou más, das vias por onde passa; e o homem das do clima donde nasce. Uns devem à pátria mais que outros, os quais, ali, o céu lhes foi mais favorável. Não há nação que escape de algum defeito original, ainda que essa seja a mais culta, a qual logo censuram os vizinhos, ou para cautela ou para conselho. Uma destreza vitoriosa é corrigir, ou pelo menos desmentir, esses prejuízos nacionais; consegue-se assim um plausível crédito de distinção entre os seus compatriotas, porque o que menos se espera mais se estima. Também há ataques à linhagem, à posição, à ocupação e à idade, que se coincidirem todos num único sujeito, e não forem prevenidos com a atenção, produzirão um monstro intolerável.

X

Fortuna e fama. O que uma tem de inconstante, a outra tem de firme. A primeira para esta vida, a segunda para depois; aquela contra a inveja, essa contra o esquecimento. Deseja-se a fortuna, e um auxílio talvez ajude a alcançá-la; a fama é buscada com diligência. O desejo pela reputação nasce da virtude; a fama foi e é irmã de gigantes. Ela sempre caminha por extremos: ou monstros ou prodígios, aborrecidos ou aplaudidos.

XI

Tratar com aqueles de quem se possa aprender. Que o trato amigável seja a escola da erudição, e a conversação, um culto ensinamento; faça dos amigos mestres, unindo a utilidade do aprendizado com o gosto de conversar. Relaciona-se a fruição aos entendidos, logrando o que é dito no aplauso que o recebe, e o que se ouve, na instrução. Ordinariamente, a própria conveniência nos leva a outras pessoas, mas, aqui, esse interesse é enaltecido. O atento frequenta as casas daqueles cortesãos heroicos, as quais mais são teatros do heroísmo do que palácios da vaidade. Há senhores renomados pela discrição que, além de serem eles mesmos, com o seu exemplo e no seu trato, oráculos de toda grandeza, a cortesia daqueles que lhes assistem é uma academia cortês de toda boa e galante discrição.

XII

Natureza e arte, matéria e obra. Não há beleza sem ajuda, e a perfeição é bárbara sem o realce do artifício; ele socorre o que é mau e aperfeiçoa o que é bom. A natureza comumente nos lega o melhor: recorramos à arte. O que é melhor naturalmente ainda é inculto sem ela, e lhe falta a metade das perfeições se lhe falta a cultura. Todo homem é tosco sem o artifício, e é mister polir-se em toda ordem de perfeição.

XIII

Trabalhar com as intenções, ora com a segunda, ora com a primeira. A vida do homem é uma milícia contra a malícia do homem; a sagacidade peleja com estratagemas de intenções. Ela nunca faz o que indica; ela aponta, sim, mas para deslumbrar; simula no ar com destreza e na realidade executa o inesperado, sempre atenta a desmentir. Apresenta uma intenção para prender a atenção rival, e logo volta-se ao oposto, triunfando pelo impensado. Mas a inteligência penetrante previne essa tática com a atenção, espreita-a com reflexão; sempre entende o contrário do que quer que entenda, e conhece logo qualquer intento falso; deixa passar toda primeira intenção, e está na espera de uma segunda, e quiçá uma terceira. A simulação aumenta ao ver que o seu artifício foi descoberto, e ainda pretende enganar com a própria verdade. Muda o jogo, por mudar a artimanha, e a falta de artifício vira o próprio artifício, baseando a sua astúcia numa maior candura. A observação acode, entendendo a sua perspicácia, e descobre as trevas revestidas de luz: decifra a intenção, que é mais ardilosa quando é mais simples. Dessa sorte, a calidez de Píton combate a candidez dos penetrantes raios de Apolo.

XIV

A realidade e o modo. Não basta a substância, requer-se também a circunstância. Um mal procedimento estraga tudo, até a justiça e a razão. Os bons modos tudo supre; adorna um "não", adoça a verdade e afeiçoa até a velhice. O "como" tem um grande papel nos afazeres e os pequenos modos são jogadores astutos dos gostos. Um belo portar-se é a gala da vida; ele singularmente desempenha todo bom termo.

XV

Ter auxílio inteligente. A bem-aventurança dos poderosos: cercar-se de valentes de entendimento que lhes tiram de todo aperto da ignorância, e que disputam por eles todas as contendas difíceis. Servir-se de sábios é uma grandeza singular, a qual excede a preferência bárbara de Tigranes, aquele que afligia os reis rendidos fazendo-os seus criados[7]. Um novo tipo de senhorio no que há de melhor na vida: pela arte fazer servos daqueles que por natureza foram feitos superiores. Há muito o que saber e há pouco a se viver, e só se vive o que se sabe. É, portanto, uma singular destreza estudar sem custo, e estudar muito por muitos, sabendo por todos. Assim você pode, numa reunião, falar por muitos, ou por sua boca falarão tantos sábios quantos lhe preveniram de antemão, conseguindo o crédito de oráculo pelo suor alheio. Que aqueles façam primeiro a eleição da lição, e lhe sirvam depois a quintessência do saber. Mas aquele que não pode ter a sabedoria na sua serventia, pelo menos a logre na familiaridade.

XVI

Saber com reta intenção. Assegura uma multiplicidade de acertos. A violência monstruosa sempre foi um bom entendimento casado com uma má vontade. A intenção malévola é um veneno para as perfeições e, auxiliada pelo saber, corrompe com maior sutileza. Infeliz qualidade eminente é a que se emprega na ruindade! Ciência sem senso, loucura dobrada.

XVII

Variar o procedimento. Não haja sempre de um mesmo modo, para confundir os expectores, principalmente se forem rivais. Não haja sempre com a primeira intenção, para que não compreendam a sua uniformidade, antecipando-lhe e até frustrando as suas ações. É fácil matar uma ave no ar cujo voo é reto, mas não uma que gira e muda de direção. E nem sempre com a segunda intenção, porque na segunda vez entenderão o truque. A malícia está à espreita; é mister uma grande sutileza para desmenti-la. O jogador ardiloso nunca joga a peça que o oponente presume, muito menos a que esse deseja.

XVIII

Dedicação e Inteligência. Não há eminência sem a interrelação de ambas e, se concorrem, não há excesso. Uma pessoa mediana alcança mais com dedicação do que uma superior sem ela. Compra-se a reputação pelo preço do trabalho duro; pouco vale o que pouco custa. Até para as ocupações mais importantes a aplicação já deixou a desejar; raramente ela superou o gênio natural. Não ser eminente numa ocupação comum por querer ser mediano numa sublime tem a desculpa do esforço nobre, mas contentar-se com ser mediano na última, podendo ser excelente na primeira, não. Portanto, requer-se natureza e arte, e sobre elas o selo da dedicação.

XIX

Não entrar em cena sob demasiada expectativa. Aquilo que é muito celebrado de antemão normalmente cai no descrédito de todos depois por não fazer jus ao excesso concebido. Nunca o verdadeiro pode alcançar o imaginado, porque idealizar as perfeições é fácil, muito difícil é consegui-las. A imaginação se casa com o desejo, e sempre concebe muito mais do que as coisas realmente são. Por maiores que sejam as excelências, elas não bastam para satisfazer os seus conceitos, e, ao se acharem enganados pela expectativa exorbitante, os expetadores são mais prontos à desilusão do que à admiração. A esperança é uma grande falsificadora da verdade: que o bom siso a corrija, almejando que a fruição seja maior que o desejo. Alguns princípios de crédito servem para despertar a curiosidade, não para garantir o resultado. É melhor quando a realidade excede a ideia e é mais do que se acreditava. Essa regra não se aplica ao que é mau, pois aqui o mesmo exagero ajuda; a expectativa do mal é aplaudida quando a realidade a contradiz, e aquilo que se temia como extremamente ruim acaba parecendo tolerável.

XX

O homem no seu devido século. Os sujeitos de rara eminência dependem dos seus tempos. Nem todos tiveram o que mereciam, e muitos, ainda que tenham tido, não conseguiram tirar proveito disso. Alguns foram dignos de um século melhor, porque nem todo bem sempre triunfa. Todas as coisas têm a sua hora e, até as qualidades, a sua moda. Mas o sábio leva uma vantagem: ser eterno; e se este não é o seu século, muitos outros serão.

XXI

A arte de ser afortunado. Há regras para a bem-aventurança, pois nem tudo é por acaso para o sábio; ela pode ser ajudada pela diligência. Alguns se contentam em alegremente esperar às portas da Fortuna, e esperam que ela trabalhe. Outros, melhores, vão adiante e valem-se da audácia sensata, a qual nas asas da sua virtude e valor pode alcançar a boa fortuna e lisonjeá-la com eficácia. Mas, filosofando bem, não há outra opção senão a da virtude e atenção, porque não há mais sorte ou mais azar do que prudência ou imprudência.

XXII

O homem de louvável conhecimento. A erudição cortês e agradável é a munição dos discretos; um saber prático de todos os assuntos correntes: mais notícias, menos fofocas. Tenha uma coletânea sazonada de ditos temperados e de feitos galantes, e saiba empregá-los na ocasião apropriada. Às vezes um aviso em forma de anedota sai melhor do que o ensino mais grave. A sabedoria de uma boa conversa valeu mais para alguns do que todas as sete artes, apesar de serem liberais.

XXIII

Não ter nenhum defeito. A sina da perfeição é que poucos vivem sem mácula, quer moral quer física. Os homens atormentam-se pelas suas manchas, podendo curá-las com facilidade. Lastima-se a sensatez alheia de que talvez uma universalidade sublime de dons se atreva a ter um mínimo defeito, e basta uma nuvem para eclipsar todo o sol. A malevolência logo para, e ainda repara, nas manchas da reputação. Seria suma destreza convertê-los em realces positivos, como, dessa sorte, César soube laurear o seu defeito natural[8].

XXIV

A temperança da imaginação. Algumas vezes corrigindo-a, outras ajudando-a, já que ela é tudo para a felicidade, e ainda regula o bom-senso. Ela acaba se tornando uma tirana: não se contenta com a especulação, mas opera e até se assenhora de toda a vida, fazendo-a doce ou pesada, segundo a insensatez na qual desemboca, porque ela nos faz descontentes ou satisfeitos conosco mesmos. Continuamente representa pesares a alguns, sendo um verdugo particular para os néscios; a outros propõe felicidades e aventuras com um alegre devaneio. Tudo isso ela pode fazer, caso não seja confrontada pela prudentíssima sindérese.

XXV

Bom entendedor. A arte das artes era saber discorrer; isso já não basta, é mister conjecturar, ainda mais quando se lida com o engano. Não pode ser entendido[9] quem não é bom entendedor. Há sondadores de coração e linces das intenções. As verdades que mais nos importam sempre vêm em meias palavras. Receba-as o atento até entendê-las totalmente. Sendo elas favoráveis, mantenha firme as rédeas da credulidade; sendo odiosas, esporeie-a.

XXVI

Achar o ponto fraco de cada um. Essa é arte de mover as vontades. Ela consiste mais em destreza do que em resolução: saber por onde entrar em cada um. Não há uma vontade sem uma predileção especial, que é diferente segundo a variedade dos gostos. Todos são idólatras: uns da estima, outros do interesse próprio e, o restante, do deleite. A manha está em conhecer esses ídolos para conseguir motivar. Conhecer o impulso eficaz de cada um é como ter a chave do querer alheio. Deve-se ir direto à primeira motivação, que nem sempre é o motivo supremo; a maioria das vezes é o mais ínfimo e baixo, porque no mundo há mais desordenados do que subordinados. Primeiro, deve-se prever o caráter, depois tocar-lhe com aquela palavra, carregada com aquilo pelo que ele é aficionado, o que infalivelmente dará um xeque-mate no arbítrio.

XXVII

Valorizar mais a intensidade do que extensividade. A perfeição não consiste na quantidade, mas na qualidade. Todo o muito bom sempre foi pouco e raro: o muito é descrédito. Até entre os homens, os gigantes costumam ser os verdadeiros anões. Alguns estimam os livros pela corpulência, como se os escrevessem para exercitar os braços e não a inteligência. Somente a extensão nunca pode exceder a mediocridade, e esta é a praga dos homens universais: por querer estar em tudo, acabar não estando em nada. A intensidade gera eminência, e até uma eminência heroica se a matéria for sublime.

XXVIII

Em nada vulgar. Não no que se refere aos gostos. Oh, grande sábio era aquele que ficava descontente quando as suas coisas agradavam às massas! A fartura de aplausos comuns não satisfaz os discretos. Alguns são tão camaleões da popularidade que põem o seu deleite não nas suavíssimas brisas de Apolo, mas no hálito vulgar. Nem no entendimento os milagres da turba sejam a sua paga, pois ela não passa de ignorantes impressionados, admirando a falta de sabedoria comum, ao desvendar a advertência singular.

XXIX

Homem de integridade. Sempre do lado da razão, com tal afinco no seu propósito que nem a paixão vulgar nem a violência tirana jamais o obriga a cruzar a linha da razão. Mas quem será esta fênix da equidade? Pois poucos se refinaram na integridade. Muitos a celebram, mas não se casam com ela. Outros a seguem até estarem em perigo: nele, os falsos negam-na e os políticos dissimulam-na. Ela não hesita em confrontar-se com a amizade, com o poder e até com a própria conveniência, e aqui está o apuro de não a conhecer. Os astutos abstraem com uma metafísica plausível para não ofender ou a razão superior ou a do Estado, mas o varão constante julga a dissimulação como uma espécie de traição, aprecia-se mais pela tenacidade do que pela sagacidade, e encontra-se sempre onde se encontra a verdade; e, se deixa as pessoas, não é porque ele variou e foi inconstante, senão que eles deixaram a verdade primeiro.

XXX

Não fazer profissão de empregos rejeitados. Muito menos de fantasias, que servem mais para trazer desprezo do que crédito. As seitas do capricho são muitas, e de todas o homem lúcido deve fugir. Há gostos exóticos que sempre se casam com tudo aquilo que os sábios repudiam; vivem muito satisfeitos com toda singularidade, as quais, ainda que os façam muito conhecidos, é mais por motivo de riso do que de reputação. O atento não deve chamar a atenção para si nem mesmo nas profissões dos sábios, e muito menos naquelas que tornam ridículos os seus artífices; essas nem precisam ser especificadas, porque o descrédito comum já as identificou.

XXXI

Conhecer os afortunados para escolher a sua companhia, e os malogrados para fugir deles. A infelicidade é ordinariamente o crime dos néscios, e aos participantes não há nada tão contagiante. Nunca se deve abrir a porta ao menor mal, pois atrás dele sempre vêm muitos outros, e maiores estão em emboscada. O melhor truque do jogo é saber descartar: importa mais a menor carta do triunfo do corrente jogo do que a maior do que passou. Na dúvida, o correto é se achegar aos sábios e prudentes, pois mais cedo ou mais tarde eles topam com a bem-aventurança.

XXXII

Ter a fama de ser agradável. Para os que governam, agradar é um grande crédito: uma qualidade dos soberanos para conquistar a graça universal. Esta é a única vantagem de mandar:

poder fazer mais bem do que todos os outros. São amigos aqueles que fazem amizades. Do contrário, há outros que são pré-dispostos a não agradar ninguém, nem tanto por ser pesado quanto pela própria malignidade, sendo em tudo opostos à divina comunicabilidade.

XXXIII

Saber abstrair. Pois se é uma grande lição da vida o saber dizer não, maior será saber negar a si mesmo, aos negócios e às pessoas importantes. Há ocupações estranhas, traças do precioso tempo, e pior é se ocupar no impertinente do que não fazer nada. Para o vigilante, não basta não ser intrometido, mas é mister procurar que não interfiram nos seus afazeres. Não seja tanto de todos que acabe não sendo de si mesmo. Não se deve abusar nem dos amigos, nem queira mais deles do que lhe concederem. Todo excesso é vicioso, e muito mais ao lidar com as pessoas. Com essa temperança equilibrada, conserva-se melhor o agrado e a estima com todos, porque assim não se irrita a preciosíssima decência. Tenha, portanto, liberdade de gênio, seja apaixonado pelo que é refinado, e nunca peque contra a fé do seu bom gosto.

XXXIV

Conhecer o seu brilho-rei, o seu dom relevante, cultivando-o e ajudando os demais. Qualquer um teria conseguido eminência em algo se tivesse conhecido a sua vantagem natural. Observe o seu atributo-rei, e empenhe-se em aplicá-lo: nuns excede o juízo, noutros a coragem. A maioria violenta as suas capacidades e, assim, não conseguem a superioridade em nada: o que a paixão prontamente lisonjeia, o tempo mais tarde desengana.

XXXV

Estabelecer conceitos, especialmente do que é mais importante. Por não pensar, todos os néscios se perdem: nunca chegam a conceber nem a metade das coisas. E, como não percebem nem o dano nem a conveniência, tão pouco se aplicam diligentemente. Alguns fazem muito caso do que pouco importa, e pouco daquilo que é muito importante, sempre ponderando às avessas. Muitos, por falta de senso, não o perdem. Há coisas que deveriam ser observadas com todo o empenho, e conservadas no mais profundo da mente. O sábio estabelece conceitos em todas as coisas, ainda que tenha que cavar especificamente onde há profundidade e obstáculo, e pensa que talvez haja mais do que ele pensa. Dessa sorte, a reflexão chega aonde a apreensão não chegou.

XXXVI

Ter a sua fortuna em mãos[10]: para poder proceder, para poder se empenhar. Isso importa mais do que a observação do temperamento, porque se é néscio aquele que aos quarenta anos pede saúde para Hipócrates, quanto mais aquele que nessa idade pede cordura a Sêneca. É uma grande arte saber regê-la, ora esperando-a, pois também cabe esperar por ela, ora alcançando-a, pois tem a sua vez e acaso; se bem que não se pode compreender o seu percurso, de tão anômalo que é o seu proceder. Aquele que a observou favorável prossiga com largueza, pois ela geralmente se apaixona pelos ousados, e até, excentricamente, pelos jovens. Não aja aquele que é infeliz, mas retire-se, nem dê lugar a duas infelicidades. Aquele que predomina: avante!

XXXVII

Conhecer e saber fazer uso das provocações e insinuações. Esse é o ponto mais sutil do trato humano. Elas são lançadas para testar os ânimos, e com elas se tira a prova mais dissimulada e penetrante do coração. Há outras que são maliciosas, arremessadas aleatoriamente, tingidas com a peçonha da inveja, untadas com o veneno da paixão, raios imperceptíveis para derrubar da posição de favor e estima. Muitos caíram de maiores e menores favoritismos, feridos por uma leve palavra dessas, a quem toda uma conspiração de murmuração vulgar e malevolência singular não foi capaz de causar a mais leve perturbação. Outras atuam, pelo contrário, sendo favoráveis, apoiando e confirmando a reputação. Mas, com a mesma destreza com que o intento as arroja, a cautela há de recebê-las e a atenção há de esperá-las, porque a defesa se desembaraça pelo conhecimento e o tiro prevenido sempre cai por terra frustrado.

XXXVIII

Saber parar, quando a sorte está ganhando, é digno dos jogadores famosos. Tanto importa uma bela retirada quanto um ataque ousado, pondo as façanhas a salvo, quando essas forem suficientes, quando forem muitas. A felicidade continuada sempre foi suspeita: mais segura é a interpolada, e a que tem algo de agridoce, mesmo enquanto está sendo desfrutada. Quanto mais as bem-aventuranças se atropelam e pisam uma por cima das outras, mais risco correm de escorregar e derrubar tudo. Recompensa-se, talvez, a brevidade da duração com a intensidade do favor. A fortuna se cansa de levar alguém nas costas por tanto tempo.

XXXIX

Conhecer as coisas no seu ápice, no seu devido tempo, e saber alcançá-las. Todas as obras da natureza chegam à plenitude da sua perfeição: até ali foram melhorando; desde ali, declinando. Das obras da arte, raras são as que chegam a um ponto no qual não podem melhorar. É o primor do bom gosto gozar de cada coisa no seu auge: nem todos podem, nem todos que podem, sabem. Até nos frutos do entendimento há esse ápice de maturidade; importa conhecê-lo para a apreciação e o emprego.

XL

Cair na graça das pessoas. Conseguir a admiração comum já é muito, mas conquistar a afeição é ainda mais. Tem algo de sorte, mas mais de diligência; começa-se por aquela e prossegue-se por essa. Não basta a qualidade dos dons, ainda que se suponha ser fácil ganhar o afeto após ganhar o respeito. Requer-se, pois, para a benevolência, a beneficência: fazer o bem a todas as mãos estendidas, boas palavras e obras melhores ainda, amar para ser amado[11]. A cortesia é o maior feitiço político das pessoas de destaque. Primeiro deve-se alargar a mão aos grandes feitos, e depois às penas[12]; da lâmina da espada às folhas de papel[13], pois há a graça que os escritores recebem, e ela é eterna.

XLI

Nunca exagerar. Não falar em superlativos é motivo de grande atenção, ora para não se expor a ofender a verdade, ora para não manchar a sua sensatez. Os exageros são um excesso da estima, e dão indício da escassez do conhecimento e do gosto. A bajulação desperta vivamente a curiosidade, cutuca o desejo e, depois, se o valor não corresponde ao apreço, como normalmente acontece, a expectativa se volta contra o engano e se satisfaz no menosprezo do celebrado e de quem o celebrou. O sábio, portanto, caminha muito contido, e prefere pecar de curto a de largo. As qualidades são raras: modere-se a estima. Encarecer é um ramo da mentira, e nele se perde o crédito de ter bom gosto, que é grande, e o de ser entendido, que é maior.

XLII

A autoridade natural. É uma força secreta de superioridade. Não há de proceder do artifício maçante, senão de uma autoridade natural. Todos se sujeitam sem saber explicar como, reconhecendo o vigor secreto da liderança inerente. Esses gênios senhores são reis por mérito e leões por privilégio inato, que capturam o coração e a mente dos demais pelo respeito que impõem. Se os outros dons lhes favorecem, nasceram para ser pioneiros na política, porque executam mais com o âmago do que os outros com a prolixidade.

XLIII

Pensar com poucos e falar com muitos. Querer ir contra a correnteza é tão impossível ao desenganado quanto é fácil para o descuidado. Só Sócrates poderia empreendê-lo. Discordar é tido como um agravo, porque é condenar o juízo alheio: multiplicam-se os desgostosos, quer pelo tema censurado, quer por quem aplaudia. A verdade é para poucos, o engano é tanto comum quanto vulgar. Nem na fala da praça se pode discernir o sábio, pois ele não fala ali com a sua voz, senão com a da ignorância comum, por mais que a esteja desmentindo no seu interior. O sensato tanto foge de ser contradito quanto de contradizer: o que ele é rápido a censurar, ele é contido a publicar. O pensar é livre; não se pode nem se deve coagi-lo; ele retira-se ao sagrado do seu silêncio, e, se caso ele se permita, é à sombra de poucos e sábios.

XLIV

Simpatia com os grandes homens. Unir-se com heróis é o dom de um herói; essa união é um prodígio da natureza, por ser tanto oculta quanto vantajosa. Há parentesco de corações e de gênios, e os seus efeitos são aqueles que a ignorância vulgar atribui à mágica. Essa afinidade não para apenas na estima, pois avança à benevolência e ainda chega à inclinação, persuade sem palavras e consegue sem méritos. Há a ativa e há a passiva; quanto mais sublimes uma e outra são, mais felizes. Conhecê-las, distingui-las e saber alcançá-las é uma grande destreza, já que não há insistência que baste sem esse favor secreto.

XLV

Usar, e não abusar, do receio. Não se deve fingi-lo, muito menos dá-lo a entender: toda arte deve ser encoberta, pois é suspeita, e ainda mais a cautela, que é odiosa. Usa-se muito o engano: multiplique-se o receio, mas sem ser revelado, o que ocasionaria a desconfiança. A suspeita muito enoja e provoca a vingança; desperta o mal que nem se imaginou enquanto se receava. A reflexão no proceder é uma grande vantagem nas obras; não há maior argumento da razão. A maior perfeição das ações é assegurada pelo senhorio com o qual as executam.

XLVI

Corrigir as suas antipatias. Costumamos odiar por nada, e até antes de vermos as provas. E talvez essa aversão vulgarizante inata se atreva a ter repulsa até dos homens eminentes. Que o bom-senso a corrija, pois não há descrédito pior do que abominar os melhores. O que a simpatia com os heróis é de vantagem, a antipatia é de mácula.

XLVII

Não se empenhar ou se envolver em situações difíceis. Esse é um dos primeiros temas da prudência. Os muito capazes sempre mantêm grandes distâncias entre eles e os últimos devaneios. Há muito o que andar de um extremo ao outro, e eles sempre estão no meio da sua sensatez: chegam tarde à desavença, pois é mais fácil tirar o corpo da ocasião do que se sair bem dela. São tentações do juízo: mais seguro é evitá-las do que vencê-las. Um empenho traz outro maior, e logo se está à beira da ruína. Há homens, provocados pelo gênio ou pela nacionalidade, que facilmente se metem em obrigações, mas o que caminha à luz da razão sempre passa muito acima do assunto. Ele estima ser mais corajoso o não se empenhar numa dificuldade do que vencê-la, e como já há um néscio intrometido, desculpa-se para que com ele não sejam dois.

XLVIII

Quanto um homem tem de profundidade, tanto tem de personalidade. Sempre deve-se ser mais no interior do que tudo o que se demonstra exteriormente. Há sujeitos só de fachada, como casas por terminar porque faltou a riqueza; têm a entrada de palácio e a habitação de choupana. Nestes não há onde repousar, ou já está tudo parado, porque acabada a primeira saudação, acabou a conversa. Passam pelas primeiras cortesias como cavalos sicilianos, e logo param em silêncio, pois se esgotam as palavras onde não há perenidade de conceitos[14]. Esses facilmente enganam outros, os quais também têm uma visão superficial, mas não ludibriam os astutos, os quais, por olharem além da superfície, os encontram vazios, para serem motivo de fábulas para os discretos.

XLIX

O homem judicioso e observador. Ele se assenhora dos objetos, e não os objetos, dele. Rapidamente sonda o fundo da maior profundidade; sabe traçar, com perfeição, a anatomia dos talentos. Ao ver uma pessoa importante, a compreende e a censura na sua essência. Por singulares observações, é um grande decifrador da interioridade mais recatada. Percebe imparcialmente, concebe sutilmente, infere judiciosamente: tudo descobre, adverte, alcança e compreende.

L

Nunca perca o respeito próprio, nem, estando sozinho, entre em atrito consigo mesmo. Que a sua mesma integridade seja a norma própria da sua retidão, e deva mais à severidade dos seus próprios ditames do que a todos os preceitos extrínsecos. Deixe de fazer o que é indecente mais por temor à sua própria sabedoria do que pelo rigor da autoridade alheia. Chegue a temer-se e, assim, você não precisará do aio imaginário de Sêneca.

LI

O homem que escolhe bem. Muito do que se vive vem das escolhas: elas pressupõem o bom gosto e o retíssimo juízo, pois não bastam o estudo nem o engenho. Não há perfeição onde não há seleção; dentre as vantagens se inclui: poder escolher, e escolher o melhor. Muitos, de engenho fecundo e sutil, de juízo imparcial, estudiosos e observadores também, ao chegar na hora de escolher, se perdem: casam-se sempre com o pior, porque parecem afeiçoados pelo erro. E, assim, vê-se que esse é um dos maiores dons do alto.

LII

Nunca se descompor. Este é um grande aspecto do bom-senso: nunca se desbaratar. Muitos homens demonstram um coração coroado, porque toda magnanimidade é difícil de ser comovida. As paixões são os humores do ânimo, e qualquer excesso nelas perturba a sensatez; e, se o mal sair da boca, colocará a reputação em perigo. Seja, portanto, tão senhor de si e tão grande que, nem na maior prosperidade nem na maior adversidade, alguém possa lhe censurar por estar perturbado, mas lhe admirar a superioridade.

LIII

Diligente e inteligente. A diligência prontamente executa o que a inteligência prolixamente pensa. A pressa é uma paixão dos néscios, pois, como não percebem a dificuldade, agem sem cuidado. Contrariamente, os sábios costumam pecar por serem contidos, porque da advertência nasce a cautela. A ineficácia do retardo talvez malogre o acerto da decisão. A presteza é a mãe da dita. Fez muito aquele que nada deixou para amanhã. Um lema augusto: apresse-se lentamente[15].

LIV

Ter brio, mas com sabedoria. Ao leão morto, até as lebres rechaçam: não se brinca com a coragem; se cede no primeiro, também haverá de ceder no segundo, e desse modo até o último. A mesma dificuldade terá que ser vencida mais tarde, a qual valeria mais a pena ter sido vencida desde já. O brio do ânimo excede o do corpo: deve sempre estar embainhado no bom-senso, como uma espada pronta para a ocasião certa. Ele é o resguardo da pessoa: mais danoso é o declínio do ânimo do que do corpo. Houve muitos talentos eminentes que, por lhes faltar esse fôlego, pareciam mortos e acabaram sepultados no seu abatimento, porque não foi por acaso que a solícita natureza uniu a doçura do mel com o ardor do aguilhão na abelha. Há nervos e ossos no corpo; que o ânimo não seja apenas brandura.

LV

O homem de espera. Isso indica um grande coração, com uma alargada paciência. Nunca se apressar nem se apaixonar. Seja um primeiro senhor de si, e depois o será dos outros. Deve-se caminhar pelos espaços do tempo no centro da ocasião[16]. A contenção prudente sazona os acertos e matura os segredos. A muleta do tempo opera mais que a clava mordaz de Hércules. O próprio Deus não castiga com o bastão, senão com a sazão. Grande ditado: "O tempo e eu, enfim sós". A própria fortuna premia o esperar com a grandeza do galardão.

LVI

Ter bons impulsos[17]. Eles nascem de uma feliz prontidão: para ela não há apertos nem acasos, devido à sua vivacidade e desembaraço. Alguns pensam muito só para errar tudo depois, e outros acertam tudo sem ter pensado antes. Há rios de antiperístases que, quando empregadas, atuam melhor; costumam ser prodígios monstruosos que acertam tudo de pronto, e erram tudo de pensado. O que não lhes ocorre logo, nunca lhes ocorrerá, nem adianta apelar depois. Os prestos são louváveis porque mostram uma capacidade prodigiosa: nos pensamentos, sutileza; nas obras, sensatez.

LVII

Os que pensam mais são mais seguros. Se faz com presteza quando se faz bem-feito. O que logo se faz, logo se desfaz; mas o que há de durar uma eternidade há de tardar outra para ser feito. Somente a perfeição é percebida, e só o acerto permanece. O entendimento com profundidade alcança eternidades: o que muito vale, muito custa, pois até o mais precioso dos metais é o mais tardio para derreter e o mais pesado.

LVIII

Saber ser temperante. Não há a necessidade de se mostrar igualmente entendido a todos, nem se deve empregar mais forças do que as que são necessárias. Que não haja desperdícios, nem no saber, nem no valor. O bom falcoeiro não lança à presa mais aves de rapina do que o necessário para caçá-la. Não esteja sempre ostentando, não deixando nada para ser admirado amanhã. Sempre deve haver novidade para com a qual se sobressair, pois quem diariamente revela algo novo mantém sempre a expectativa e nunca chegam a descobrir o fim da sua grande riqueza.

LIX

O homem que deixa boas impressões. Na casa da Fortuna, quando se entra pela porta do prazer, se sai pela do pesar, e vice-versa. Tenha atenção, portanto, ao acabar, pondo mais cuidado na felicidade da saída do que no aplauso da entrada. É um desastre comum dos afortunados ter começos muito favoráveis e fins muito trágicos. O auge não está no aplauso vulgar de uma entrada, pois esse louvor todos têm, mas sim no sentimento geral de uma saída, pois são raros os que no fim são desejados; a dita poucas vezes acompanha os que saem. Assim, o que ela se mostra de atenciosa com os que vêm, ela se prova descortês com os que vão.

LX

Bons julgamentos. Alguns nascem prudentes. Eles entram na sabedoria com essa vantagem da sindérese inata e, assim, já estão na metade do caminho para os acertos. Com a idade e a experiência, a razão vem à plena maturidade, e chega-se a um juízo muito equilibrado. Abominam todo capricho como sendo uma tentação contra o bom-senso, ainda mais em matérias de Estado, onde se requer total seguridade pela sua suprema importância. Esses merecem estar junto ao timão, ou para o exercício ou para o conselho.

LXI

Eminência no que é melhor. Essa é uma grande singularidade entre a pluralidade das perfeições. Não pode haver um herói que não tenha algum destaque sublime. A mediocridade não é tema de aplauso. A eminência num emprego relevante sai do ordinário vulgar e ascende à categoria de raro. Ser eminente numa profissão humilde é ser alguém no pouco: o que tem de mais deleitoso tem de menos glorioso. Exceder em grandes matérias é como um caráter de soberania: solicita a admiração e ganha o afeto.

LXII

Operar com bons instrumentos. Alguns querem realçar a abundância da sua sutileza na ruindade dos instrumentos: um tipo perigoso de satisfação, merecedor de um castigo fatal! Nunca a bondade do ministro diminuiu a grandeza do patrão; antes, toda a glória dos acertos recai ultimamente sobre a causa principal, assim como, caso contrário, o vitupério. A fama sempre acompanha os superiores. Nunca se diz "Aquele teve bons ou maus servos", mas "Aquele foi um bom ou mal líder". Haja, portanto, seleção; haja exame, pois a imortalidade da sua reputação lhes será confiada.

LXIII

Excelência de ser o primeiro. E, se com qualidades, excelência dobrada. Quando há paridade, é uma grande vantagem jogar primeiro, pois se assegura a vitória. Houve muitos que teriam sido fênix nas ocupações se outros não tivessem ido na frente. Com a primogenitura da fama alcançam-se os primeiros lugares, e aos segundos caem as sobras do alimento já disputado; por mais que criem, não conseguem purgar a acusação vulgar de imitação. Inventar um rumo novo para alcançar as eminências é a sutileza dos prodigiosos, desde que, antes de tudo, o bom-senso assegure o empreendimento. Com uma nova expressão dos assuntos, os sábios conseguiram para si um lugar nos registros dos heróis. Alguns querem mais ser primeiros numa segunda categoria do que ser segundos na primeira.

LXIV

Saber evitar pesares para si. Sensatez proveitosa é se poupar de desgostos. A prudência evita muitos deles; ela é a Lucina da felicidade e, por isso, da satisfação. Não dê notícias odiosas, muito menos as receba. Deve-se vedar as portas contra elas, a não ser que uma delas seja um remédio. Uns gastam os ouvidos de tanto ouvir o doce das lisonjas;

outros, de escutar o amargo dos boatos. E há quem não sabe viver sem algum dissabor cotidiano, como nem Mitrídates sabia viver sem veneno. Tampouco é uma regra de autopreservação querer dar a si mesmo um pesar vitalício para dar um prazer momentâneo a outro, ainda que seja a pessoa mais próxima. Nunca se deve pecar contra a própria sorte para agradar aquele que aconselha e cai fora, e, em todo acontecimento, sempre que o dar prazer a outro e o trazer a si pesar se encontrarem, é uma lição de conveniência que vale mais que o outro fique insatisfeito agora do que você depois, e sem remédio.

LXV

Bom gosto relevante. Cabe ser cultivado, assim como o engenho; a excelência do entendimento realça o apetite do desejo, e depois a fruição da posse. Conhece-se a dimensão da abundância pela elevação do afeto. Uma grande capacidade precisa de um grande assunto para se satisfazer. Assim como os grandes bocados são para os grandes paladares, assim as matérias sublimes para os gênios sublimes. Os objetos mais elevados temem o bom gosto, e as perfeições mais seguras desconfiam; são poucas as de primeira magnitude: seja raro o apreço. Os gostos são adquiridos com o trato com outras pessoas e legados pelo uso contínuo: comunicar-se com os têm no seu ápice é uma grande sorte. Mas não se deve ter o hábito de se desagradar de tudo, pois isso é um dos extremos da tolice, e é mais odioso quando isso é feito por afetação do que por indisposição. Alguns quiseram que Deus tivesse criado outro mundo e outras perfeições, para a satisfação da sua extravagante fantasia.

LXVI

Atenção para que as coisas se saiam bem. Alguns apontam mais para o rigor da direção do que na felicidade de alcançar o intento. Mas sempre prepondera mais o descrédito da infelicidade do que o abono da diligência. O que vence não precisa dar satisfações. A maioria não percebe as minúcias das circunstâncias, senão os desfechos bons ou ruins; e, assim, nunca se perde a reputação quando se alcança o intento. Tudo doura um bom fim, ainda que os desacertos dos meios o desmintam. Pois é uma arte ir contra a arte quando não se pode, de outro modo, conseguir a sorte de se sair bem.

LXVII

Preferir as ocupações louváveis. A maioria das coisas dependem da satisfação alheia. A estima é para as perfeições o que o favônio é para as flores: sopro e vida. Há empregos expostos à aclamação universal, e há outros, ainda que maiores, em nada consideráveis; aqueles, por atuarem à vista de todos, captam a benevolência comum; esses, ainda que tenham mais do raro e do primoroso, sucumbem ao secreto da sua imperceptibilidade, venerados, mas não aplaudidos. Entre os príncipes, os vitoriosos são os celebrados e, por isso, os reis de Aragão foram tão louvados por serem guerreiros, conquistadores e magnânimos. Que o grande homem prefira as ocupações célebres, para que todos percebam e todos participem, e aquele fique imortalizado pelo sufrágio comum.

LXVIII

Dar entendimento. É mais primoroso do que dar memória, pois fazer entender é maior do que fazer lembrar e, assim, algumas vezes se deve despertar e outras advertir. Alguns deixam de fazer as coisas no ponto de serem feitas porque não lhes ocorre fazê-las. Sendo assim, que a advertência amigável ajude a conceber as conveniências. Uma das maiores vantagens para a mente é oferecê-la o que lhe convém. Por falta disso, muitos acertos deixam de ser feitos; dê luz aquele que a alcança, e solicite-a aquele que a mendiga; aquele com detenção, esse com atenção: não mais do que a oportunidade permite. Essa sutileza é urgente quando toca a utilidade daquele que desperta; convém mostrar tato, e ser mais incisivo quando não bastar. O "não" já se tem, vai-se em busca do "sim", com destreza, pois não se consegue mais vezes porque não se tenta.

LXIX

Não se render a um humor vulgar. Grande homem é aquele que nunca se sujeita a impressões passageiras. É uma lição de advertência refletir sobre si mesmo, conhecer a sua disposição atual e antecipá-la, e ainda inclinar-se ao outro extremo para achar, entre o natural e a arte, o prumo da sindérese. O conhecer-se é o princípio do corrigir-se, pois há monstros da impertinência: sempre estão de acordo com um humor diferente e variam com eles os seus afetos; e, arrastados eternamente por esse desarranjo civil, empregam-se contraditoriamente. E esse excesso não só desgasta a vontade, senão que se atreve fazer o mesmo ao juízo, alterando o querer e o entender.

LXX

Saber dizer não. Não se deve conceder tudo, nem a todos. Isso é tão importante quanto o saber conceder, e nos que mandam é de urgente atenção. Aqui entra o modo. Mais se estima o "não" de alguns do que o "sim" de outros, porque um "não" de ouro satisfaz mais do que um "sim" vazio. Há muitos que sempre têm um "não" na boca, com o qual azedam tudo. O "não" é sempre a sua primeira reação, e ainda que depois venham a conceder tudo, isso não é estimado porque precedeu aquele primeiro dessabor. Não se deve negar as coisas bruscamente: que o desengano desça em pequenos goles; nem se deve negar tudo, o que seria desapegar a dependência. Que fiquem sempre algumas relíquias de esperança para que temperem o amargo do negar. Que a cortesia encha o vazio do favor e as boas palavras suplantem a falta das obras. O "não" e o "sim" são breves de dizer, mas pedem muito pensar.

LXXI

Não ser desigual ou de proceder inconstante, nem por inclinação natural, nem por vaidade. O homem de bom siso sempre é o mesmo em tudo o que é perfeito, o que lhe dá crédito de entendido. Dependa, na sua mudança, das causas e dos méritos. Em matéria de bom-senso, a variedade é feia. Há alguns que a cada dia são uma outra pessoa: até o entendimento o têm de forma desigual, quanto mais a vontade e ainda a sorte. O que ontem foi o branco do seu "sim", hoje é o negro do seu "não", sempre desmentindo o seu próprio crédito e confundindo as opiniões alheias.

LXXII

O homem de resolução. A má execução é menos danosa do que a irresolução. As coisas não deterioram tanto quando correm do que quando estancam. Há homens sem determinação que precisam de um empurrão alheio em tudo, e às vezes isso não vem tanto da perplexidade do juízo, pois têm um julgamento perspicaz, quanto da ineficácia. O dificultar costuma ser engenhoso, mas achar uma saída para os inconvenientes é mais. Há outros que em nada se embaraçam, que têm um juízo firme e determinado; nasceram para missões sublimes, porque a sua compreensão desenvolta facilita o acerto e a decisão; tudo se acha feito, de modo que depois de terem ordenado um mundo, ainda lhes sobra tempo para outro, e quando estão assegurados de sua bem-aventurança, se empenham com mais segurança.

LXXIII

Saber usar uma evasiva. É a esquiva dos sensatos. Com o galanteio de um nobre, costumam sair do labirinto mais intrincado. Tiram o corpo, garbosamente e com um sorriso no rosto, da contenda mais difícil. Aqui estava a fonte do valor do maior dos grandes capitães[18]. Mudar de assunto é uma tática cortês de negar, nem há atenção maior do que se dar por entendido.

LXXIV

Não ser intratável. As verdadeiras feras estão nos lugares mais povoados. A inacessibilidade é o vício daqueles que não se conhecem, mudam os humores de acordo com as honras que recebem. Começar enfadando as pessoas não é o meio apropriado de alcançar a estima. O que é ver um desses monstros intratáveis sempre a ponto de estourar a sua ferocidade impertinente!? Aqueles que, por sua miséria, dependem deles, entram para lhes falar algo como se estivessem lidando com tigres: tanto armados de tato quanto de receio. Para subir ao posto, agradam a todos, e, estando nele, querem descontar desagradando a todos. Tendo que ser de muitos pelo seu emprego, não são de ninguém por sua aspereza ou arrogância. Um castigo cortês para esses é deixá-los estar, privando-os do bom-senso que vem do trato com outros.

LXXV

Escolher uma imagem heroica, mais para a emulação do que para a imitação. Há exemplares de grandeza que são textos animados da reputação. Cada um tenha em mente, na sua ocupação, os primeiros, nem tanto para segui-los quanto para ultrapassá-

-los. Alexandre chorou, não por Aquiles sepultado, mas por si mesmo, que ainda não havia nascido para a luz da fama. Não há nada que excite tanto as ambições do ânimo do que o clarim da fama alheia. O mesmo que enterra a inveja inspira o esforço para as árduas missões.

LXXVI

Não estar sempre brincando. A prudência se conhece no sério, que é mais considerado do que o engenhoso. Aquele que sempre está de brincadeiras nunca é homem de verdade. Ao não lhes dar crédito, os igualamos com mentirosos; não acreditamos nesses por recear a mentira, naqueles, pelo anzol das burlas. Nunca se sabe quando estão falando com sensatez, o que é mesmo de não a ter. Não há maior desfeita do que a contínua piada. Outros ganham a fama de trovadores, mas perdem o crédito de sensatos. O jovial e alegre deve ter o seu momento; para todos os demais, o sério.

LXXVII

Saber tornar-se tudo a todos. Um Proteu discreto: com o douto, douto, e com o santo, santo. Saber conquistar todos é uma grande arte, porque a semelhança cria benevolência. Observe os temperamentos e tempere-se de acordo com cada um; ao sério e ao animado, siga-os com a corrente, fazendo uma transformação política, a qual é urgente aos que dependem. Essa grande sutileza de viver requer um grande talento; ela é menos dificultosa ao homem universal de engenho no saber e de gênio nos gostos.

LXXVIII

Arte no intento. A Ignorância sempre embarca de cabeça, pois todos os néscios são audazes. A sua própria simplicidade, a qual primeiro lhes impede a advertência para reparar o que estão fazendo, os priva depois do ressentimento dos malogros. Mas a Sabedoria entra com grande tato: os seus batedores são a Advertência e o Recato, eles vão na frente descobrindo para que ela possa proceder sem perigo. Todo Arrojo está condenado à ruína pela Discrição, ainda que a Ventura talvez o absolva. Convém avançar de forma contida onde se teme ser muito fundo. Que a Sagacidade vá tateando e a Prudência ganhando terra. Hoje há grandes baixios no trato humano: convém ir sempre tocando o fundo com a sonda.

LXXIX

Um gênio genial. Se acompanhado de temperança, é um presente, e não um defeito. Um grão de chiste tempera tudo. Os maiores homens também jogam a carta do gracejo, que granjeia a graça universal; mas com a reserva da cordura e a salva do decoro. Outros fazem duma graça um atalho para o desengajamento, porque há coisas que devem ser tomadas como pilhérias e as quais, às vezes, o outro toma mais como verdades. Isso indica mansidão e engancha os corações com o seu cajado.

LXXX

Atenção ao informar-se. Vive-se mais de informação do que de visão; vivemos de fé alheia: o ouvido é a segunda porta da verdade, e a porta principal da mentira. A verdade ordinariamente se vê; extraordinariamente se ouve. São raras as vezes em que ela chega no seu elemento puro, e muito menos quando vem de longe; sempre traz um pouco da mistura dos afetos por onde passa. A paixão, quando toca a verdade, tinge-a de suas cores, quer de ódio quer de favor; joga sempre para impressionar: grande cuidado com quem louva, e maior ainda com quem vitupera. Nesse ponto, é mister toda a atenção, para descobrir a intenção daquele que intercede, conhecendo de antemão de que mal ele sofre. Seja a reflexão o contrapeso do que é falto e do que é falso.

LXXXI

Renovar o seu brilho. Esse é o privilégio da Fênix. A excelência tende a envelhecer, e com ela a fama; o costume diminui a admiração, e um novo medíocre quase sempre vence a maior excelência envelhecida. Habitue-se, portanto, a renascer no valor, no engenho, na sorte, em tudo. Empenhe-se em novos prodígios, amanhecendo muitas vezes como o sol, raiando em cenários variados, para que a privação, num, inspire o desejo, e a novidade, noutro, o aplauso.

LXXXII

Nunca se exceder nem no mal nem no bem. Toda a sabedoria de um sábio se reduz à moderação em tudo. O extremo direito fica torto[19], e a laranja que muito se espreme chega a dar o amargo. Mesmo na fruição nunca se deve chegar aos extremos. O próprio engenho se esgota se se excede, e tirará sangue por leite aquele que o extrai no descontrole.

LXXXIII

Permitir-se algum deslize venial. Pois um descuido costuma ser talvez a maior recomendação das qualidades. A inveja tem o seu próprio ostracismo: quanto mais civil a fama, mais criminal o ataque. Acusa o perfeitíssimo de pecar por não pecar e, por ser perfeito em tudo, o condena em tudo. Ela se torna um Argos, buscando faltas naquilo que é bom, ao menos por consolo. A censura fere, como um raio, os pontos escarpados que mais se destacam. Portanto, que Homero talvez cochile, e cause algum descuido no engenho ou no vigor, mas nunca na sensatez, para sossegar a malevolência e ela não estourar de tanto veneno. Será como lançar a capa ao touro da inveja, para salvar a sua própria imortalidade.

LXXXIV

Saber fazer uso dos inimigos. Deve-se saber empunhar e usar todas as coisas, não pelo fio, que corta, mas pelo punho, que defende; muito mais a emulação alheia. O homem sábio aproveita mais dos seus inimigos do que o néscio dos seus amigos. Uma malevolência costuma aplanar montanhas de dificuldade, as quais o favor titubeara abordar. Os malévolos fabricaram a grandeza de muitos. Mais feroz é a lisonja do que o ódio, pois esse remedia eficazmente as falhas que aquela encobre. O cordo faz da ojeriza um espelho, que é mais fiel que o do afeto, e impede a infâmia dos defeitos, ou os corrige; pois grande é a cautela quando se mora vizinho à inveja ou à malevolência.

LXXXV

Não ser uma manilha. É a moléstia de tudo o que é excelente que o seu uso demasiado vem a ser um abuso; a mesma cobiça de todos acaba enfadando todos. Não servir para nada é uma grande infelicidade, não menor quando se quer servir para tudo. Esses vêm a perder por muito ganhar, e depois ficam tão rejeitados quanto antes foram desejados. Tropeça-se nessas manilhas em todos os gêneros de perfeição, as quais, perdendo aquela primeira estima de raras, conseguem o desprezo de vulgares. O único remédio de todo o excepcional é moderar na apresentação dos dons: a demasia deve estar na perfeição, e a temperança, na ostentação. Quanto mais luz numa tocha, mais ela se consome e menos dura; premiam-se as escassezes de aparência com a conquista da estima.

LXXXVI

Prevenir as más línguas. A massa tem muitas cabeças e, assim, muitos olhos para a malícia e muitas línguas para o descrédito. Ocorre que alguma calúnia corre solta na turba, a qual mancha o maior crédito, e se chegar a ser uma alcunha vulgar, acabará com a reputação. Comumente inicia-se com alguma desfeita sobressalente, com defeitos ridículos, que são materiais plausíveis para as suas habilidades. Se bem que há manchas espionadas pela inveja privada e reveladas à malícia pública, onde há bocas de malevolência, e que mais rapidamente arruínam uma grande fama com uma piada do que com uma afronta aberta. É muito fácil angariar uma fama sinistra, porque o mal é muito crível e apagá-lo custa caro. Logo, o homem sensato evite esses malogros, enfrentando a insolência vulgar com a sua atenção, pois é mais fácil prevenir do que remediar.

LXXXVII

Cultura e requinte. O homem nasce bárbaro; redime-se de ser uma besta cultivando-se. A cultura forma as pessoas e, quanto mais, maiores elas serão. Pela sua força a Grécia pode chamar todo o restante do universo de bárbaro. A ignorância é muito tosca: não há o que cultive mais do que o saber. Mas até a própria sabedoria fica grosseira, se deixada sem refinamento. Não só o entender há de ser refinado, mas também o querer, e ainda mais o conversar. Acham-se homens naturalmente refinados, de gala interior e exterior, em pensamentos e palavras, nos adornos do corpo, que são como a casca, e nas prendas da alma, que são a castanha. Há outros, pelo contrário, tão grosseiros, que todas as suas coisas, e talvez as suas qualidades, foram manchadas com um desasseio bárbaro e intolerável.

LXXXVIII

Seja o trato sobranceiro, procurando a sua sublimidade. O grande homem não deve ser baixo no seu proceder. Nunca se deve ater-se aos detalhes das coisas, muito menos nas desagradáveis, porque ainda que seja uma vantagem observar casualmente todas as coisas, não se deve querer averiguar tudo de propósito. Deve-se proceder normalmente com uma nobre generalidade, a qual é um ramo da galanteria. O dissimular é uma grande parte do reger. Deve-se deixar passar a maioria das coisas entre familiares, entre amigos, e muito mais entre inimigos. Toda trivialidade é enfadonha, e na composição das pessoas, pesada. O ir e vir de um desgosto é uma espécie de mania, e comumente o coração e a capacidade de cada um determinarão o seu modo de se portar.

LXXXIX

Compreensão de si. No gênio, no engenho, nos ditames, nos afetos. Ninguém pode ser senhor de si mesmo se antes não se compreende. Há espelhos do rosto, não há para o ânimo; que a discreta reflexão sobre si mesmo seja o seu; e, quando esquecer a sua imagem exterior, conserve a interior para consertá-la, para melhorá-la. Conheça as forças da sua cordura e sutileza para empreender; tateie a sua irascibilidade para empenhar-se; tenha a medida do seu fundo e o peso dos seus talentos para tudo.

XC

A arte de viver muito: viver bem. Duas coisas acabam logo com a vida: a ignorância e a ruindade. Uns a perderam por não saberem guardá-la, e outros por não quererem. Assim como a virtude é o prêmio de si mesma, assim o vício é o castigo de si mesmo. Quem vive correndo para o vício, se acaba duas vezes; quem vive correndo para a virtude, nunca morre. Comunica-se ao corpo a integridade do espírito, e não só se tem a boa vida por larga na intensidade, mas por larga também na própria extensão.

XCI

Agir sempre sem escrúpulos de imprudência. A suspeita do erro naquele que executa já é evidenciada por aquele que observa, ainda mais se for um rival. Se já, ao calor da paixão, o juízo duvida, condenará depois, de cabeça fria, a ignorância declarada. Quando a prudência duvida, as ações são perigosas; mais segura seria a omissão. O bom-senso não admite probabilidades; ele sempre caminha ao meio-dia da luz da razão. Como pode se sair bem uma empreitada que, ainda concebida, o receio já está a condenando?

    E se a resolução mais primorosa, por unanimidade interior, costuma ter um final infeliz, o que aguarda a que começou titubeando na razão e com os maus agouros do julgamento?

XCII

Senso transcendental, digo, em tudo. É a primeira e suprema regra do agir e do falar; mais essencial quanto maiores e mais altos forem os ofícios; mais vale um grão de bom siso do que arrobas de sutileza. É um caminho ao seguro, ainda que nem tanto ao louvável, se bem que a reputação de sensato é o triunfo da fama. Bastará satisfazer os sábios, cujo voto é a pedra de toque dos acertos.

XCIII

O homem universal. Composto de toda perfeição, ele vale por muitos. Faz a vida felicíssima, comunicando essa fruição aos que lhe são familiares. A variedade com perfeição é o deleite da vida. Uma grande arte é saber gozar todo bem, e já que a natureza fez do homem um compêndio de todo o natural, por sua eminência, que a arte lhe transforme num universo pelo exercício e cultura dos gostos e do entendimento.

XCIV

A incompreensibilidade das capacidades. Que o homem atento evite ser sondado a fundo, quer no saber quer na coragem, caso queira que o venerem; permita-se ao conhecimento, não à compreensão. Nada lhe averiguem os limites da capacidade, pelo perigo evidente de desilusão. Nunca dê espaço para que alguém lhe alcance totalmente: a opinião e a dúvida de até onde chegam os talentos de cada um causam maiores efeitos de veneração do que a evidência deles, por maiores que elas sejam.

XCV

Saber manter a expectativa, cevando-a sempre; prometa muito, e que a melhor ação seja aumentar a aposta de ações maiores. Não se deve jogar tudo no primeiro lance; grande truque é saber moderar o uso das forças, e do saber, e ir avançando para o sucesso.

XCVI

Sobre a grande sindérese. Ela é o trono da razão, base da prudência, pois se fiando nela o acerto custa pouco. É uma dádiva do céu e a mais desejada, por ser suprema e por ser melhor. A primeira peça da armadura, com uma urgência tal que nenhuma outra que falte a um homem o denomina falto. Quanto menos há, mais se nota. Todas as ações da vida dependem da sua influência, e todas solicitam a sua aprovação, pois tudo há de ser feito com siso. Ela consiste numa propensão inata a tudo o que mais se conforma à razão, casando-se sempre com o mais acertado.

XCVII

Alcançar e conservar a reputação. É o usufruto da fama. Custa muito, porque nasce das eminências, que são tão raras quanto as mediocridades são comuns. Alcançada, se conserva com facilidade. Cria muitas obrigações, mas opera muito mais. Quando chega a ser uma veneração, é uma espécie de majestade, pela sublimidade da sua causa e da sua esfera de ação; mas a reputação substancial é a que sempre foi valorizada.

XCVIII

Ocultar o intento da vontade. As paixões são as escotilhas do espírito. O saber mais prático consiste em dissimular. Corre o risco de perder aquele que joga com as cartas abertas na mesa. Que a contenção do recatado concorra com a atenção do advertido; aos linces do discurso, as sépias da interioridade[20]. Que não saibam os seus gostos e desejos, para que não lhe previnam, uns com a contradição, outros com a lisonja.

XCIX

Realidade e aparência. As coisas não se passam pelo que são, senão pelo que parecem; os que olham por dentro são raros, e muitos são os que se contentam com o aparente. Não basta ter razão com cara de malícia.

C

O homem livre do engano: um cristão sábio, um filósofo palaciano; mas não pareça um, muito menos simule ser um. O filosofar caiu em descrédito, ainda que seja o maior exercício dos sábios. A ciência dos sensatos vive em desaprovação. Introduziu-a Sêneca em Roma; por algum tempo ela se conservou nos palácios; já é tida por impertinência. Mas a fuga do erro sempre foi o alimento da prudência, as delícias da integridade.

CI

Metade do mundo está rindo da outra metade, pela ignorância de todos. Ou tudo é bom, ou tudo é mau, segundo os votos de todos. O que esse segue, o outro persegue. Néscio insuportável é aquele que quer regular todo assunto pelos seus próprios conceitos. As perfeições não dependem de uma só aprovação. Tantos são os gostos quanto os rostos, e tão variados quanto. Não há defeito que não tenha um afeto a seu favor, nem se deve desconfiar porque as coisas não agradam a alguns, pois não faltam outros que as apreciem. Nem o aplauso desse seja ainda motivo de presunção, pois os outros o condenarão. A norma para a verdadeira satisfação é a aprovação dos homens de reputação, e que têm direito a voto em dada ordem das coisas. Não se vive só de uma opinião, nem só de um costume, nem só de um século.

CII

Estômago para grandes bocados de bem-aventurança. No corpo da prudência, um grande estômago não é menos importante, pois de grandes partes se compõe uma grande capacidade. Nem se embaraçam com as boas sortes aqueles que merecem outras maiores; o que é fartura para um é fome para outros. Há muitos que desperdiçam um manjar muito especial pela sua falta natural de apetite, não acostumado nem nascido para ofícios tão sublimes; tornam-se azedos no trato, e, com os vapores vaidosos que se levantam da honra postiça, a sua cabeça vem a desvanecer-se; correm grande perigo nos lugares altos, e não cabem em si porque não cabe neles a sorte recebida. Que o grande homem mostre, portanto, que ainda lhe há espaço para coisas maiores, e fuja, com especial cuidado, de tudo o que pode dar indício de um coração estreito.

CIII

Cada um tenha a majestade que lhe cabe. Sejam todas as ações, senão de um rei, dignas de tal, segundo a sua esfera; seja o proceder real, dentro dos limites de sua sensata porção: sublimidade de ações, pensamentos sobranceiros. E, em todas as suas coisas, represente um rei por méritos, quando não pode por realidade, pois a verdadeira soberania consiste na integridade dos costumes. Nem terá que invejar a grandeza quem pode ser a medida dela. Especialmente aos mais próximos ao trono, que se apeguem a algo da verdadeira superioridade, participem antes das qualidades da majestade do que das cerimônias da vaidade, sem lhes afetar o imperfeito da pompa, mas o refinado da substância.

CIV

Sentir o pulso dos ofícios. Há variedade neles: deve-se ter um conhecimento magistral e que necessita de advertência. Uns pedem bravura e, outros, sutileza. Os que dependem da retidão são mais fáceis de manejar, e mais difíceis os que dependem do artifício. Com uma boa disposição natural, nada mais falta para aqueles; para esses, toda atenção e zelo não bastam. Governar homens é uma ocupação trabalhosa, quanto mais se forem loucos ou néscios. Necessita-se de um siso dobrado para lidar com quem não o tem. Emprego intolerável é o que requer tudo do homem, de horas contadas e de matéria determinada. Os livres de enfado são os melhores, unindo a variedade à gravidade, porque a alternância refrigera o gosto. Os mais aprovados são os que têm a menor dependência, ou a mais distante; e o pior é aquele que, ao final, tem que prestar contas do seu suor ao homem, além de Deus.

CV

Não cansar os outros. Costuma ser pesado o homem de um negócio e o de um discurso. A brevidade é lisonjeira e muito negociante. Ganha por ser cortês o que se perde por ser curta. O bom, quando é breve, é duas vezes bom. E até o mal, se pouco, não é tão mal. Quintessências resumidas fazem mais do que tagarelices desordenadas. E é verdade comum que o homem alto raramente é compreendido: nem tanto na matéria da deliberação quanto na forma do discurso. Há homens que servem mais de embaraço do que adorno do universo, joias fracassadas, as quais todos evitam. Que o discreto evite a enrolação, muito mais com pessoas importantes, que vivem ocupadas, pois seria pior incomodar um deles do que o restante do mundo. O que é bem dito, é logo dito.

CVI

Não se gabar da sua fortuna. Ostentar a dignidade ofende mais do que ostentar a pessoa em si. Fazer-se de "o homem" é odioso: já lhe bastava ser invejado. Consegue-se menos estima quando mais se busca. Ela depende do respeito alheio e, assim, não pode ser tomada por alguém, mas deve ser merecida de outros e esperada. Os grandes ofícios pedem uma autoridade coerente ao seu exercício, sem a qual não podem ser exercidos dignamente. Conserve a que você merece para poder cumprir com o substancial das suas obrigações: não force-a, ajude-a; e todos os que se fazem proprietários da dignidade da sua ocupação dão indício de que não a merecem, e que não estão à sua altura. Se quer ser valorizado, seja antes pela qualidade dos seus talentos do que pelo que lhe foi concedido posteriormente, pois até um rei deve ser mais venerado pela pessoa que é do que pela soberania extrínseca.

CVII

Não demonstrar satisfação de si mesmo. Viva, nem descontente, pois é tibieza, nem satisfeito, pois é ignorância. A satisfação nasce nos mais ignorantes, e acaba numa felicidade néscia que, ainda que entretenha o gosto, não mantém o crédito. Como não alcançam as perfeições superlativas dos outros, satisfazem-se com qualquer mediocridade em si. O receio sempre foi útil, além de cordo, ou para a prevenção que garante que as coisas se saiam bem, ou para o consolo quando elas se saem mal; porque o malogro da sua sorte não é novidade para quem o temia. O próprio Homero talvez cochile, e Alexandre, o Grande, caia da sua posição e da sua ilusão. As coisas dependem de muitas circunstâncias, e a que triunfa num posto e em tal ocasião, em outra fracassa. Mas a incorrigibilidade do néscio está em que a satisfação mais vã se converte em flor, e a sua semente vai sempre brotando.

CVIII

Atalho para ser um homem de verdade: saber ombrear com outros. O trato é muito eficaz; por ele comunicam-se os costumes e os gostos, absorve-se o gênio e até o engenho, sem sentir. Procure, portanto, o precipitado juntar-se com o informado, e assim por diante nos demais gênios: com isso ele conseguirá a temperança sem violência. Saber ser temperante é uma grande destreza. A alternação de contrariedades embeleza o universo e o sustenta, e se já causa harmonia no natural, causa ainda mais no moral. Valha-se desse conselho político na escolha dos familiares e da famulagem, pois com o intercâmbio dos extremos se ajustará um meio muito discreto.

CIX

Não ser recriminador. Há homens de gênio feroz: de tudo fazem um delito, e não por paixão, mas por natureza. Condenam todos, uns porque fizeram, outros porque farão. Demonstram um ânimo mais que cruel, pois é vil, e incriminam com tal exagero que dos ciscos fazem traves para arrancar os olhos com elas. Comitres em todos os postos, transformam em galés o que fora um Elísio. E se as paixões entram no meio, de tudo fazem extremos. Contrariamente, a generosidade acha saída para tudo, se não de boa intenção, de inadvertência.

CX

Não esperar até ser um sol que se põe. Uma máxima dos sábios é deixar as coisas antes que os outros os deixem. Saiba fazer um triunfo do próprio desfecho, pois talvez até o sol, enquanto ainda está brilhando, costuma retirar-se numa nuvem para que não lhe vejam cair, e deixa a suspeita de si quanto a ter se posto ou não. Tire o corpo dos ocasos para que não seja derrubado pelas humilhações; não aguarde até lhe darem as costas, pois lhe sepultarão vivo para o sentimento e morto para a estima. O prevenido aposenta a tempo o cavalo corredor, e não aguarda até que, caindo, levante o riso no meio da corrida. Que a beleza quebre o espelho a tempo e com astúcia, e não depois com impaciência ao contemplar o seu desengano.

CXI

Ter amigos. Eles são o segundo ser. Todo amigo é bom e sábio para o amigo. Entre eles tudo se sai bem. Tanto valerá alguém quanto o quiserem os demais, e para que queiram deve-se ganhar as suas bocas pelo coração. Não há feitiço como o bom serviço e, para ganhar amizades, o melhor meio é fazê-las. O maior e melhor do que temos depende dos outros. Deve-se viver ou com amigos ou com inimigos: cada dia deve-se providenciar um, ainda que não seja como íntimo, mas pelos menos como um apoiador; pois alguns, depois, passando pela aprovação do discernimento, são promovidos a confidentes.

CXII

Ganhar a pia afeição. Pois até a primeira e suma causa, nos seus maiores assuntos, prevê a sua importância e se dispõe para alcançá-la. O acesso ao respeito é pelo afeto. Alguns se fiam tanto na bravura que subestimam a diligência; mas a atenção sabe muito bem que o percurso unicamente dos méritos é grande, se esses não têm a ajuda do favor. A benevolência facilita e supre tudo; nem sempre supõe as qualidades, mas ela mesmo as põe[21], como o valor, a integridade, a sabedoria, e até a discrição; nunca vê as fealdades, porque não quer vê-las. Normalmente nasce pela correspondência material, em gênio, nação, parentesco, pátria e emprego. A formal é mais sublime em talentos, obrigações, reputação, méritos. A dificuldade toda está em ganhá-la, pois com facilidade se conserva. Você pode diligentemente conquistá-la e saber se valer dela.

CXIII

Prevenir-se na prosperidade para a adversidade. Juízo é fazer no verão a provisão para o inverno, e com mais comodidade; os favores são então baratos, e há abundância de amizades. Bom é conservar para o mau tempo, pois a adversidade é cara e falta de tudo. Que haja uma reserva de amigos e de pessoas agradecidas, pois algum dia se fará apreço do que agora não se faz caso. A vileza não tem amigos na prosperidade porque os desconhece; e, na adversidade, eles a desconhecem.

CXIV

Nunca competir. Toda pretensão com oposição prejudica a reputação; a competição sai logo a manchar, a ofuscar. São poucos os que guerreiam uma boa guerra. A rivalidade descobre os defeitos que a cortesia esqueceu: muitos viveram em estima enquanto não tiveram rivais. O calor da contrariedade aviva ou ressuscita as infâmias mortas, desenterra as fedentinas passadas e antepassadas. A concorrência começa com um manifesto das faltas, usando tudo o que pode e o que não deve em seu favor; e ainda que na maioria das vezes as ofensas não sejam armas proveitosas, a vil satisfação as usa na sua vingança, e as sacode com tal violência que faz saltar a poeira dos ouvidos para que todos ouçam as falhas esquecidas. A benevolência sempre foi pacífica, e a reputação, benévola.

CXV

Acostumar-se às más disposições daqueles que são familiares, assim como às caras feias, é uma conveniência onde há jugo de dependência. Há gênios ferozes os quais não se pode viver com eles, nem sem eles. Portanto, é uma destreza ir se acostumando, como à feiura, para que a terribilidade da ocasião não seja sempre uma novidade. Na primeira vez espantam, mas pouco a pouco eles vêm a perder aquele primeiro horror, e a reflexão se previne aos desgostos, ou os tolera.

CXVI

Tratar sempre com pessoas de compromisso. Você pode comprometer-se com eles ou comprometê-los. O seu próprio compromisso é a maior fiança do seu trato, ainda que na contenda, pois agem de acordo com o que são, e vale mais pelejar com gente de bem do que triunfar com gente má. Não há bom trato com a ruindade, porque ela não se encontra comprometida com a integridade; por isso, entre os ruins nunca há verdadeira amizade, nem a fineza é uma boa lei, porque não está alicerçada na honra.
Renegue sempre um homem sem honra, pois

quem não a estima não estima a virtude, e a honra é o trono da integridade.

CXVII

Nunca falar de si. Ou você se elogiará, o que é vaidade, ou se vituperará, o que é tibieza, e sendo uma culpa de insensatez no que diz, é uma pena nos que ouvem. Se isso deve ser evitado entre os que são familiares, muito mais entre as posições mais elevadas, onde se fala publicamente, e já passa por ignorância qualquer aparência dela. O mesmo inconveniente para a cordura existe em falar sobre os que estão presentes, por conta do perigo de dar em um dos dois arrecifes: a lisonja ou o vitupério.

CXVIII

Ganhar fama de cortês: isso é bastante para se fazer louvável. A cortesia é a principal parte da cultura, é uma espécie de feitiço, e desse modo conquista a graça de todos, assim como a descortesia é o desapreço e o enfado universal. Se essa nasce da soberba, é abominável; se da grosseria, depreciável. Na cortesia, sempre é melhor errar para mais do que para menos, e ela nunca deve ser retribuída igualmente, pois se degeneraria em injustiça: ela é tida por dívida até entre inimigos, para que cada um veja o valor do seu rival. Custa pouco e vale muito: todo honrador é honrado. A galanteria e a honra têm esta vantagem: elas recaem, aquela em quem a demonstra, essa em quem a concede.

CXIX

Não se fazer malquisto. Não se deve provocar a aversão, pois ainda que não se queira, ela se adianta. Há muitos que abominam debalde, sem saber nem como nem por quê. A obrigação previne a malevolência. A vileza irascível é mais eficaz e pronta para o dano do que a concupiscível para o proveito. Alguns fazem questão de estarem mal com todos, por estarem irritados ou de gênio irritado. E se, alguma vez, deles o ódio se apodera, esse é, assim como o preconceito ruim, difícil de ser apagado. Aos homens judiciosos temem, aos maledicentes odeiam, aos presunçosos repugnam, aos intrometidos abominam, aos singulares abandonam. Mostre, pois, a estima para ser estimado; e ao que quer casa, faça caso.

CXX

Viver de acordo com a prática. Até o saber deve estar em voga, e, onde ele não voga, é preciso saber se fazer de ignorante. O pensar e o gostar mudam de acordo com o tempo. Não se deve discorrer de uma forma antiquada, e deve-se gostar do moderno. Os gostos das cabeças votam em cada ordem de coisas. Siga-os por enquanto e diligencie a eminência: que o cordato se acomode ao presente, ainda que o passado lhe pareça melhor, tanto nos adornos do corpo quanto nos da alma. Só na bondade essa regra de viver não vale, pois sempre deve-se praticar a virtude. Já se desconhece, e parece coisa de outros tempos, o dizer a verdade, o guardar a palavra; mas os bons homens sempre parecem prodígios de bons tempos passados, e são sempre amados; de sorte que, se alguns há, eles não são motivo de exemplo e imitação. Oh, grande infelicidade do nosso século, que se tenha a virtude por estranha e a malícia por corrente! Que o sensato viva como pode, se não pode viver como gostaria. Tenha por melhor o que a sorte lhe concedeu do que aquilo que ela lhe negou.

CXXI

Não criar causo sem causa. Assim como alguns não levam nada a sério, assim outros fazem caso de tudo. Sempre falam de forma importante, tudo tomam como verdade, transformando tudo em alvoroço e mistério. Algumas poucas coisas enfadonhas devem ser levadas a sério, as quais, do contrário, poderiam lhe comprometer. É inverter as coisas tomar no peito ao que deveria ser dado as costas. Muitas coisas que pareciam importantes, ao serem deixadas de lado, não foram nada; e outras que não eram nada, por ter sido feito muito caso delas, foram muito. No começo, é fácil dar fim para tudo, mas depois não. Muitas vezes, o próprio remédio causa a enfermidade. Nem é a pior regra da vida o deixar estar.

CXXII

Senhorio no falar e no fazer. Abre portas em todos os lugares e ganha de antemão o respeito. Influencia em tudo: no conversar, no discursar, até no caminhar e ainda no olhar, no querer. Prender os corações é uma grande vitória; isso não surge de uma intrepidez tola, nem do entretenimento tedioso, mas sim de uma autoridade descente nascida do gênio superior e ajudada pelos méritos.

CXXIII

O homem que não se afeta. Quanto mais talentos, menos afetação, a qual costuma ser uma mancha vulgar em todos eles. É tão perturbadora aos demais quanto penosa a quem a sustenta, porque vive mártir do cuidado e se atormenta com a pontualidade[22]. As próprias eminências perdem os seus méritos com a afetação, porque se julgam nascidas antes da violência artificiosa do que da natureza livre, e todo o natural sempre foi mais agradável do que o artificial. Os que se afetam são tidos por estrangeiros naquilo que afetam. Quanto melhor se faz uma coisa, mais se deve desmentir o esforço, para que se veja que a perfeição vem naturalmente. Nem ao fugir da afetação se deve cair nela, se afetando para não se afetar. O discreto nunca deve se dar como ciente dos seus méritos, pois o próprio descuido desperta a atenção nos outros. É eminente duas vezes aquele que encerra todas as perfeições em si mesmo e nenhuma na sua própria estima; e pela senda oposta se acaba chegando ao louvor.

CXXIV

Chegar a ser desejado. Poucos chegaram à tamanha graça das gentes; se chegaram à dos sábios: felicidade. Os que descem do palco normalmente encontram a tibieza. Há modos de merecer esse prêmio da afeição: a eminência na ocupação e nos talentos é segura, e o agrado, eficaz. Faça a ocupação depender da sua eminência, de modo que se note que o cargo necessita de você, e não você do cargo: uns honram os postos, outros são honrados por eles. Não é vantagem que você seja feito bom porque sucedeu um indivíduo mau, porque isso não é ser desejado absolutamente, senão ser o outro aborrecido.

CXXV

Não ser um livro registro de maus antecedentes dos outros[23]. Um sinal de ter perdido a fama própria é cuidar da infâmia alheia: alguns querem, com as manchas dos outros, dissimular, se não lavar, as suas; ou se consolam com elas, o que é o consolo dos néscios. A boca desses cheira mal, pois são o esgoto das imundícies civis. Nessas matérias, quanto mais se fuça mais se enlameia; poucos se escapam de alguma mazela inata, ou a torto ou a direito. Nem são conhecidas as faltas nos pouco conhecidos: que o atento fuja de ser registro de infâmias, pois é ser uma lista negra odiada, e, ainda que viva, desalmada.

CXXVI

Não é tolo aquele que comete a tolice, senão aquele que, feita a tolice, não sabe encobri-la. Deve-se selar os afetos, quanto mais os defeitos. Todos os homens erram, mas com esta diferença: que os sagazes desmentem os erros cometidos, e os néscios mentem sobre os que estão por cometer. O crédito consiste mais no recato do que no feito, pois se você não é casto, seja cauto. Os descuidos dos grandes homens são mais observáveis, como os eclipses dos maiores luzeiros. Seja a exceção da amizade não lhe confiar os defeitos; nem ainda, se possível, a si mesmo; mas aqui se pode valer daquela outra regra de vida: saber esquecer.

CXXVII

Uma graciosa desenvoltura em tudo. É a vida dos talentos, o alento do dizer, a alma do fazer, esplendor do próprio esplendor. As demais perfeições são o ornamento da naturalidade, mas a desenvoltura graciosa é o ornamento das próprias perfeições. Até no pensar ela é celebrada. Tem muitos privilégios, deve pouco à diligência, pois é superior até à disciplina; passa com facilidade e ultrapassa a elegância; supõe o desembaraço e adiciona perfeição. Sem ela, toda beleza é morta, e toda graça, desgraça; é transcendente ao valor, à discrição, à prudência e à própria majestade. É um atalho político nas empreitadas e uma saída educada de todo empenho.

CXXVIII

Espírito altivo. É um dos principais requisitos para o herói, porque inflama todo gênero de grandeza: realça o gosto, engrandece o coração, eleva o pensamento, enobrece a condição e bem dispõe a majestade. Onde quer que se encontre, se sobressai, e talvez chegue até a, negado pela inveja e pela sorte, irromper como um campeão, alargando-se na vontade, já que na possibilidade sofre violência. A magnanimidade, a generosidade e todo dom heroico o reconhecem como sua fonte.

CXXIX

Nunca se queixar. A queixa sempre traz descrédito; mais serve de exemplo de atrevimento para a paixão alheia que de consolo à compaixão; abre o caminho a quem a ouve para fazer o mesmo, e a notícia do insulto do primeiro é a desculpa da do segundo. Alguns, com as suas queixas das ofensas passadas, dão ocasião às vindouras, e, buscando remédio ou consolo, solicitam a complacência, e até o desprezo. A melhor política é celebrar os benefícios de uns para que despertem o desejo de outros fazerem o mesmo, e repetir os favores dos ausentes é solicitá-los dos presentes, é vender o crédito de uns a outros. E o homem prudente nunca publique nem infortúnios nem defeitos, e sim estimas recebidas, as quais servem para ter amigos e conter inimigos.

CXXX

Fazer e fazer parecer. As coisas não passam pelo que são, senão pelo que parecem. Ter valor e saber mostrá-lo é valer duas vezes: o que não se vê é como se não fosse. Até a própria razão não tem a sua devida veneração onde não tem a cara de tal. Existem muito mais enganados do que advertidos; prevalece o engano e julgam-se as coisas por fora. Há coisas que são muito diferentes do que parecem. A boa exterioridade é a melhor recomendação da perfeição interior.

CXXXI

Uma disposição galante. As almas têm a sua nobreza, galhardia do espírito, que com cujos atos galantes deixam um coração muito garboso. Não cabe a todos, porque pressupõe magnanimidade. O seu primeiro assunto e falar bem do inimigo e agir melhor do que ele; o seu melhor brilho resplandece nos momentos de vingança; não os evita, mas os aprimora, convertendo-a, quando mais que vencedora, numa generosidade impensada. Também é política, e é até a gala da razão de Estado. Nunca tenta impressionar com as suas vitórias, porque de nada se vangloria, e quando o merecimento as alcança, a ingenuidade as dissimula.

CXXXII

Utilizar-se da reconsideração. Apelar à revisão é seguridade, ainda mais onde a satisfação não é evidente. Tomar tempo, ou para conceder ou para se aprimorar. Novas razões são oferecidas para confirmar e corroborar o juízo: se é em matéria de dar, estima-se mais o dom baseado no bom-senso do que o gosto pela presteza; o desejado sempre foi mais estimado. Caso se deva negar, a reconsideração dá tempo para considerar o modo, e para amadurecer o "não", para que seja mais sazonado. E nas demais vezes, passado aquele primeiro calor do desejo, não se sente depois, a sangue frio, a desfeita do negar. A quem pede apressadamente, conceda tarde, o que é um artifício para distrair a atenção.

CXXXIII

Antes louco com todos do que sensato sozinho, dizem os políticos. Porque se todos são loucos, não perderá com ninguém; e se a sabedoria estiver sozinha, será tida por loucura. Tamanha é a importância de seguir a corrente que, às vezes, o maior saber é não saber, ou fingir não saber. Deve-se viver com outros, e os ignorantes são a maioria. Para se viver sozinho se há de ter, ou muito de Deus, ou o todo de fera. Mas eu moderaria o aforismo, dizendo: "Antes sensato com os demais do que louco sozinho". Alguns querem ser singulares até nos seus devaneios.

CXXXIV

Dobrar as necessidades da vida. É dobrar o viver. A dependência não deve ser única, nem se deve se delimitar a uma só coisa, ainda que singular: tudo há de ser dobrado, e ainda mais as causas de vantagem, favor e gosto. A mutabilidade da lua é transcendente e permeia todas as coisas, pondo fim à permanência, e muito mais nas coisas que dependem da vontade humana, que é quebradiça. As reservas valem contra a fragilidade das coisas, e seja uma grande regra da arte de viver dobrar as circunstâncias do bem e da comodidade. Assim como a natureza dobrou os membros mais importantes e mais expostos ao dano, assim a arte dobre os da dependência.

CXXXV

Não tenha espírito de contradição, pois é sobrecarregar-se de ignorância e de enfado. O bom-senso deve conspirar contra ele: dificultar tudo pode até ser engenhoso, mas o intransigente não escapa de ser néscio. Esses fazem do doce trato uma guerrilha, e assim são inimigos mais dos próximos do que dos não lidam com eles. É no mais saboroso bocado que se sente mais a espinha que atravessa, e assim é a contradição dos bons momentos. São néscios perniciosos, que somam a ferocidade com a bestialidade.

CXXXVI

Portar-se bem em todos os assuntos, tomar logo as rédeas dos afazeres. Muitos se vão, ou pelos galhos de pensamentos e planos inúteis, ou pelas folhas de uma verbosidade enfadonha, sem topar com a substância do caso; dão cem voltas rodeando um ponto, cansando-se e cansando os outros, e nunca chegam ao cerne do que é importante. Isso procede de entendimentos confusos, dos quais não sabe se desembaraçar. Gastam tempo e paciência no que deveriam deixar de lado, e depois não os têm mais para o que deixaram.

CXXXVII

Que o sábio se baste. Ele era tudo o que tinha e, levando a si mesmo, levava tudo. Se um amigo universal é suficiente para construir Roma e todo o restante do universo, seja esse amigo de si próprio e poderá viver sozinho. Quem lhe poderá fazer falta, se não há uma opinião maior e um gosto maior do que o seu? Dependerá somente de si mesmo, pois é uma felicidade suprema assemelhar-se à Entidade Suprema. Aquele que conseguir viver assim, sozinho, não terá nada de bruto, senão muito de sábio e todo de Deus.

CXXXVIII

A arte de deixar estar. Principalmente quanto mais revolto estiver o mar da vida comum ou da pública. Há turbilhões no trato humano, tempestades nas vontades: portanto, é sensato retirar-se ao porto seguro ao invés de afundar. Muitas vezes piora-se o mal com os remédios. Deixe a natureza fazer o seu papel ali, e a moralidade acolá; o médico sábio tanto deve saber receitar quanto não receitar, e às vezes a arte consiste mais no não aplicar remédios. Que tirar a mão e deixar sossegar seja o modo de apaziguar os turbilhões vulgares; ceder ao tempo agora será vencer depois. Uma nascente com um pouco de inquietação fica turva; nem ela voltará a ser serena tentando, mas deixando-a. Não há remédio melhor para os desconcertos do que deixá-los correr, pois assim caem por si mesmos.

CXXXIX

Conhecer o dia mau, pois ele existe. Nada sairá bem, e ainda que se mude o jogo, não se mudará a má sorte. Dentro de poucos lances, convém reconhecê-la e retirar-se, compreendendo se você está no seu dia ou não. Até no entendimento há a sua vez, pois ninguém sabe o tempo inteiro. É uma bem-aventurança discorrer corretamente, como escrever bem uma carta. Todas as perfeições dependem do momento certo. Nem sempre é a vez da beleza. Até a discrição desmente a si mesma, ora cedendo, ora se excedendo; e tudo, para dar certo, deve estar no seu dia. Assim como em alguns tudo dá errado, noutros tudo se sai bem e com menos esforço: tudo já se acha feito, o engenho está no auge, o gênio temperado e sobre todas as coisas brilha a sua estrela. Então convém aproveitar e não desperdiçar a menor partícula. Mas que o homem judicioso, por um azar que veio, não sentencie definitivamente o dia como mau, nem, ao contrário, como bom, pois aquele pode ter sido um dessabor e, esse, uma sorte.

CXL

Ver logo o lado bom de cada coisa. É a alegria do bom gosto. A abelha apressa-se à doçura para o favo e a víbora à amargura para o veneno. Assim também os gostos, uns para o melhor e outros para o pior. Não há nada que não tenha algo de bom, ainda mais se é um livro, por ter sido pensado. Por isso, o gênio de alguns é tão desgraçado que, entre mil perfeições, topam com só um defeito que havia, e esse censuram e ficam satisfeitos: catadores das imundícias da vontade e do entendimento, carregando-se de faltas e de defeitos, o que é mais um castigo da sua má dileção do que um emprego da sua sutileza. Vivem uma vida ruim, pois sempre se cevam de amarguras e fazem pasto de imperfeições. Mais feliz é o gosto de outros que, entre mil defeitos, topam logo com uma só perfeição que a sorte lhe concedeu.

CXLI

Não ouvir a si mesmo. Agradar-se é de pouco proveito quando não se contentam os demais, e normalmente a depreciação comum castiga a satisfação particular. Deve a todos aquele que dá crédito a si mesmo. Querer falar e depois ouvir a si mesmo não dá certo; e, se falar sozinho é loucura, escutar-se diante dos outros será loucura dobrada. Mazela para os senhores é falar com o bordão "certo?" e "né?", que irrita os que escutam: a cada razão que dão buscam a aprovação ou a lisonja, consumindo a cordura. Os convencidos também falam com eco, e, como a sua conversa caminha sobre saltos de entonação, a cada palavra solicitam o enfadonho socorro do néscio: "falou bem!".

CXLII

Nunca teime em seguir o pior lado porque o seu rival se adiantou e escolheu o melhor. Já se começa vencido, e assim será preciso ceder malogrado. Nunca se vingará o bem com o mal. Foi astúcia do rival antecipar-se ao melhor, e tolice sua lhe opor depois com o pior. Os obstinados em obras são mais renhidos do que os em palavras, pois há mais riscos no fazer do que no dizer. É a vulgaridade dos teimosos não atentar para a verdade ao contradizer, nem na utilidade ao litigar. O atento está sempre do lado da razão, não da paixão, ou antecipando-se antes ou aprimorando-se depois, pois se o seu rival é néscio, por essa mesma razão mudará de rumo, passando para a parte contrária, com o que piorará o partido escolhido. Para tirá-lo do melhor o único remédio é você mesmo abraçá-lo, pois a ignorância dele lhe fará deixá-lo, e a sua teimosia lhe será a sua queda.

CXLIII

Não cair em contradição por fugir do vulgar. Os dois extremos são motivo de descrédito. Todo assunto que destoe da gravidade é ramo da ignorância. O paradoxo é um certo engano plausível aos princípios, que no começo é admirado por ser novo e ousado; mas, depois, ao se desiludir e ver que se saiu tão mal, cai muito malogrado. É uma espécie de sedução e, em matérias políticas, ruína dos Estados. Os que não conseguem chegar, ou não se atrevem, ao heroico pelo caminho da virtude, lançam-se no paradoxo, admirando néscios e aprovando muitos sábios como verdadeiros. Demonstram destemperança no juízo e, por isso, são tão opostos à prudência, e mesmo que não se fundamentem no falso, pelo menos no incerto, com grande risco para a dignidade.

CXLIV

Entrar com a vontade alheia para sair com a sua. Esse é o estratagema para conseguir o que se quer; até nas matérias do Céu, os mestres cristãos ordenam essa santa astúcia. É uma dissimulação importante, porque a utilidade concebida serve de isca para pegar uma vontade: lhe parece que é a sua que está indo adiante, mas não é mais do que abrir caminho para a pretensão alheia. Nunca se deve entrar ao desatino, e ainda mais onde há fundo de perigo. Além disso, com pessoas cuja primeira palavra costuma ser o "não", convém ocultar o alvo, para que a dificuldade da concessão não lhe advirta; muito mais quando se pressente a aversão. Esse aviso cabe aos que têm segundas intenções, pois todas requerem uma extrema sutileza.

CXLV

Não descobrir o calo, pois todos pisarão nele. Não se queixar dele, pois a malícia sempre ataca onde a fraqueza lhe dói. Não servirá cutucar os próprios pontos fracos senão para cutucar o gosto ao entretenimento alheio. A má intenção busca a ferida que lhe faz dar pulos; vai tateando com varas até achar onde você mais sente: tentará de mil modos até chegar à carne viva. Que o sensato nunca se dê por entendido nem descubra o seu mal, ou pessoal ou herdado, pois até a fortuna às vezes se deleita em acertar onde mais dói. Sempre mortifica no vivo; por isso, não se deve descobrir, nem o que mortifica, nem o que vivifica; um para que se acabe logo, e o outro para que dure mais.

CXLVI

Olhar por dentro. Ordinariamente, as coisas são muito diferentes do que pareciam, e a ignorância, a qual não passou da casca, se converte em desilusão quando se penetra ao interior. A Mentira é sempre a primeira em tudo; ela arrasta os néscios por uma contínua vulgaridade. A Verdade sempre chega por último e tarde, coxeando com o Tempo. Os de bom-senso reservam a outra metade da potência auditiva que a mãe comum, a natureza, sabiamente duplicou. O Engano é muito superficial, e os que são superficiais logo caem nele. O Acerto vive retirado ao seu interior, para ser mais estimado pelos sábios e discretos.

CXLVII

Não ser inacessível. Não há ninguém tão perfeito que não necessite alguma vez de advertência. Aquele que não escuta é irremediavelmente néscio. O mais isento deve estar aberto ao aviso amigável; nem a soberania pode excluir a docilidade. Há homens irremediáveis por serem inacessíveis, pois despencam morro abaixo porque nenhuma viva alma ousa detê-los. O mais íntegro deve ter uma porta aberta para a amizade, a qual será a do socorro. Um amigo há de ter um espaço para poder, com liberdade, lhe avisar e até lhe castigar. A satisfação e a grande estima pela sua fidelidade e prudência devem pôr você sob essa autoridade. Não se deve facilitar o respeito a todos, muito menos o crédito, mas tenha, no mais íntimo do seu recato, um espelho fiel de um confidente, a quem caiba a estimada correção no desengano.

CXLVIII

Ser dotado da arte de conversar, na qual uma verdadeira pessoa se mostra. Em nenhum exercício humano se requer mais atenção, por ser ele o mais ordinário da vida. Aqui está o perder ou o ganhar, pois se é necessária cautela para escrever uma carta, mesmo sendo uma conversa pensada e escrita, quando mais na conversa comum, onde se examina a discrição prontamente! Os peritos sentem o pulso dos ânimos alheios pela língua, e fiado nela o sábio diz: "Fala, se quer que eu o conheça". Alguns têm por arte na conversação a conversa sem arte alguma, a qual há de ser folgada como as vestes; entende-se isso quando se está entre muito amigos, mas quando se exige respeito, ela deve ser mais substancial e indicar a grande substância da pessoa. Para acertar nesse ponto, há de ajustar-se ao gênio e ao engenho dos terceiros, sem ser censor das palavras dos outros, pois será tido por gramático, muito menos fiscal das razões, o que lhe furtará o trato com todos e eles lhe negarão a comunicação. A discrição no falar é mais importante do que a eloquência.

CXLIX

Saber desviar os males a outro: ter escudos contra a malevolência é um grande truque dos que governam. Não surge da incapacidade, como pensa a malícia, e sim de uma habilidade superior, ter em quem recaia a censura pelos erros e o castigo comum da murmuração. Nem tudo pode sair bem, nem se pode contentar todos. Haja, portanto, um testa de ferro, um depósito de infelicidades à custa da sua própria ambição.

CL

Saber vender o seu peixe. A bondade intrínseca daquilo que você oferece não é o bastante, pois nem todos mordem a substância nem veem por dentro. A maioria acode para onde há concurso, e vão porque veem outros ir. Uma grande parte do artifício é saber fazer as pessoas darem crédito, algumas vezes celebrando, pois a bajulação estimula o desejo; outras, dando um bom nome, pois é uma excelente maneira de tornar algo sublime, sempre evitando a afetação. Dirigir algo só para os entendidos é um estímulo geral, porque todos pensam que são um, e, quando não, a privação esporeará o desejo de ser. Nunca se deve recomendar algo como fácil ou comum, porque isso vulgariza mais do que facilita. Todos mordiscam as iscas singulares, por serem mais apetitosas, tanto ao gosto quanto ao engenho.

CLI

Pensar antecipadamente. Hoje para amanhã e até para daqui muitos dias. A maior providência é ter muitas horas dela; para os prevenidos não há acasos, nem para os atentos, apertos. Não se deve esperar o sufoco para começar a pensar, e deve-se agir de antemão; previna os pontos mais críticos com a maturidade da reflexão. O travesseiro é uma sibila muda, e o dormir sobre as situações vale mais do que acordar debaixo delas. Alguns fazem e depois pensam: mais para buscar desculpas do que consequências; outros, nem antes, nem depois. Toda a vida deve ser pensar para acertar o caminho. A reflexão e a providência dão a escolha de viver antecipadamente.

CLII

Nunca se associar com quem possa o ofuscar: tanto para mais quanto para menos. O que excede em perfeição excede em estima; o outro fará sempre o papel principal, e ele o segundo, e se alcançar algum apreço, serão as sobras daquele. Campeia a lua, enquanto a noite é só sua, entre as estrelas: mas, saindo o sol, ou não aparece ou desaparece. Nunca se achegue a quem possa eclipsá-lo, senão a quem o destaque. Dessa sorte, a discreta Fábula de Marcial pode parecer bela e brilhou entre a feiura e descompostura das suas donzelas[24]. Tampouco se deve correr perigo ao lado do mal, nem honrar outros à custa do seu crédito. Para aperfeiçoar-se, ande com os eminentes; uma vez aperfeiçoado, com os medianos.

CLIII

Fuja de preencher grandes vazios[25]. E, se fizer isso, que seja seguro da sua superioridade. É necessário dobrar o valor para igualar o do passado. Assim como é um ardil fazer com que o que o sucede seja tal que lhe faça ser desejado, assim é uma sutileza garantir que o que acabou não o eclipse. É difícil preencher um grande vazio, porque o passado sempre parece melhor; e nem mesmo a igualdade bastará, porque já tem a vantagem de ter sido primeiro. É necessário, portanto, sobressair em talentos para expulsar outro de sua possessão de uma maior reputação.

CLIV

Não ser fácil nem para crer nem para querer. Conhece-se a maturidade na espera da credulidade: mentir é muito ordinário, que crer seja, então, extraordinário. Aquele que logo se mexeu encontrar-se-á depois confundido; mas não se pode dar a entender dúvida na fé alheia, o que é visto como descortesia e até afronta, porque o que contesta lhe trata ou como enganador ou como enganado. E esse ainda não é o maior inconveniente, já que não crer é indício de mentir, porque o mentiroso tem dois males, pois nem crê nem é crido. A suspensão do juízo é sabedoria naquele que ouve, e remeta-se com fé ao autor que disse: "A facilidade no querer também é espécie de imprudência"; pois, se mente-se com a palavra, mente-se também com as ações, e esse segundo engano pelas obras é mais pernicioso.

CLV

Habilidade para lidar com as paixões. Se possível, que a prudente reflexão previna a vulgaridade do ímpeto; isso não será difícil àquele que for prudente. O primeiro passo para lidar com as paixões é perceber quando elas são excitadas, pois fazer isso é começar com o senhorio do afeto, tateando a necessidade até à medida correta de aborrecimento, e não mais; com essa reflexão superior, entre e saia da ira. Saiba parar bem e a tempo, pois o mais difícil depois que se começa a correr é parar. Grande prova de juízo é conservar-se sensato nos transes de loucura. Todo excesso de paixão degenera o racional, mas com essa atenção magistral as paixões nunca atropelarão a razão nem cruzarão as fronteiras da sindérese. Para saber subjugar uma paixão é mister sempre ter as rédeas da vigilância, e você será o primeiro sábio a cavalo, se não o último[26].

CLVI

Amigos escolhidos. Eles hão de ser após um exame da discrição e uma prova da fortuna: graduados, não só pela vontade, senão pelo entendimento. E, sendo o acerto mais importante da vida, normalmente é o menos assistido pelo cuidado. Em alguns, opera o entendimento; nos demais, o acaso. Define-se um indivíduo pelos amigos que tem, pois o sábio nunca concordou com os ignorantes; mas gostar de alguém não significa intimidade, pois pode vir mais dos bons momentos da sua graciosidade do que da confiança na sua capacidade. Há amizades como matrimônios legítimos, e outras como adultérios: essas para o prazer, aquela para a fecundidade dos acertos. Encontram-se poucos amigos da pessoa em si, e muitos da fortuna. Mais se aproveita de um bom entendimento de um amigo do que de muitas boas vontades de outros. Haja, portanto, escolha, e não sorte. Um sábio sabe evitar pesares, e um amigo néscio os causa. Nem lhes deseje muita fortuna, caso não queira perdê-los.

CLVII

Não se enganar com as pessoas, pois esse é o pior engano, e o mais fácil. Mais vale ser enganado no preço do que na mercadoria, e não há nada que mais necessite de uma boa olhada por dentro. Há uma diferença entre entender as coisas e conhecer as pessoas, e é uma grande filosofia alcançar os gênios e distinguir os humores dos homens. É necessário ter tanto os sujeitos quanto os livros bem estudados.

CLVIII

Saber fazer uso dos amigos. Nisso há uma arte própria de discrição: uns são bons para longe e outros para perto, e aquele que não foi bom para a conversa talvez seja para a correspondência. A distância purifica alguns defeitos que eram intoleráveis na presença. Não só se deve buscar neles somente aquilo que é agradável, senão também a utilidade, pois a amizade deve ter as três qualidades do bem[27]. Outros dizem que elas devem ter as qualidades do ente — um, bom e verdadeiro —, porque o amigo é todas as coisas. Poucos são bons amigos, e não saber escolhê-los diminui ainda mais o seu número. Saber conservar os amigos é mais importante do que fazê-los. Busquem-se aqueles que duram, e, ainda que no princípio sejam novos, fique satisfeito por saber que poderão um dia ser velhos amigos. Absolutamente, os melhores são os mais temperados, ainda que na experiência se gastem alguns quilos de sal. Não há deserto como viver sem amigos: a amizade multiplica os bens e reparte os males; é o único remédio contra a fortuna adversa e um desafogo da alma.

CLIX

Saber suportar os néscios. Os sábios sempre foram os que suportaram menos, pois quem aumenta a ciência, aumenta a impaciência. O muito saber é difícil de satisfazer. A maior regra da vida, segundo Epíteto, é o suportar, e a isso reduzo a metade da sabedoria. Se for necessário tolerar todas as ignorâncias, será imprescindível muita paciência. Às vezes suportamos mais as pessoas de quem mais dependemos, pois isso é importante para o exercício de vencer a si mesmo. Do sofrimento nasce a paz inestimável, que é a felicidade da terra, e aquele que não se achar com ânimo para sofrer apele ao retiro de si mesmo, se é que a si mesmo ainda se pode tolerar.

CLX

Falar com atenção: com os oponentes, por cautela; com os demais, por decência. Sempre há tempo para enviar a palavra, mas não para voltar atrás. Deve-se falar como num testamento, pois quanto menos palavras, menos pleitos. No que não importa, deve-se ensaiar para o que é importante. O misterioso tem ar de divino. O propenso a falar está perto de ser vencido e convencido.

CLXI

Conhecer os seus doces defeitos. O homem mais perfeito não escapa de alguns, e se casa e se amanceba com eles. Eles existem no engenho e, quanto maior esse for, maiores eles serão, ou mais notáveis. Não porque a própria pessoa não os conheça, mas porque os ama. Dois males juntos: apaixonar-se, e pelos vícios. São as manchas da perfeição: tanto ofendem aos de fora quanto parecem bons aos que os praticam. Aqui está a valentia de vencer-se e dar essa felicidade às demais qualidades. Todos param e observam esse ponto, e, enquanto poderiam estar celebrando o bem excelente que admiram, se detêm onde reparam, taxando-o por mácula dos demais talentos.

CLXII

Saber triunfar sobre a inveja e a malevolência. Desprezar já é pouco, ainda que com prudência; a galanteria é muito melhor. Não há aplauso bastante para aquele que fala bem daquele que falou mal; nem há uma vingança mais heroica do que os méritos e os talentos próprios, pois vencem e atormentam a inveja. Cada felicidade é uma volta no parafuso do mal afeto, e a glória do invejado é um inferno para o invejoso. Este é o maior castigo: fazer da felicidade um veneno. O invejoso não morre de uma vez, senão cada vez que vive para ouvir as vozes dos aplausos do invejado, competindo a perenidade da fama de um com a penalidade do outro: aquele é imortal para as suas glórias e esse para as suas penas. O clarim da fama, que toca a imortalidade para um, publica a morte para o outro, sentenciando-o à forca que a sua própria inveja armou.

CLXIII

Nunca incorrer, por compaixão do infeliz, no desfavor do afortunado. Aquilo que é desventura para uns costuma ser ventura para outros, pois um não foi agraciado se muitos outros não foram desgraçados. É próprio dos infelizes conseguir a graça das gentes, pois essas querem recompensar com o seu favor inútil os desfavores da fortuna; e talvez se veja alguém que na prosperidade foi abominado por todos e, na adversidade, compadecido de todos. Trocou-se a vingança contra o exaltado pela compaixão para o caído. Mas que o sagaz esteja atento ao embaralhar da sorte. Há alguns que sempre acompanham os desfavorecidos, e hoje estão do lado do infeliz do qual ontem fugiram por ser afortunado; isso talvez signifique uma natureza nobre, mas não sagacidade.

CLXIV

Jogar algumas coisas no ar. Para examinar a aceitação, para ver como as coisas são recebidas, e principalmente as que mais são suspeitas de acerto e agrado. Assim um bom termo é assegurado, e abre-se caminho ou para a empreitada ou para a retirada. Tateiam-se assim as vontades, e o atento sabe onde põe os pés: essa é uma precaução máxima do pedir, do querer e do governar.

CLXV

Combater um bom combate. Podem obrigar o sensato a lutar, mas não a jogar sujo: cada um deve agir de acordo com aquilo que é, e não como lhe obrigam. A galhardia na rivalidade é louvável; deve-se pelejar não só para vencer no poder, mas também no modo. Vencer pelo mal não é vitória, mas rendição. A generosidade sempre foi um sinal de superioridade; o homem de bem nunca se vale de armas proibidas, e assim são aquelas que surgem da amizade acabada para o ódio começado, pois não se pode valer da confiança para a vingança. Tudo aquilo que cheira traição infecciona o bom nome. Em pessoas importantes, qualquer átomo de baixeza se destaca mais; deve haver uma grande distância entre a nobreza e a vileza. Glorie-se de que caso a galanteria, a generosidade e a fidelidade sumissem do mundo, elas haveriam de ser encontradas no seu peito.

CLXVI

Diferenciar o homem de palavras do homem de obras. Essa é uma distinção única, assim como a separação entre o amigo da pessoa e o amigo da posição, que são duas coisas muito diferentes. Não ter más ações, não tendo boas palavras, é ruim; pior é não ter boas ações, não tendo más palavras. Já não se alimenta de palavras, que são vento, nem se vive de cortesias, o que é um engano cortês. Caçar as aves com luz é a verdadeira ofuscação. Os ludibriados se fartam de vento. As palavras devem ser penhores das obras e, assim, devem ter o mesmo valor. As árvores que não dão frutos, senão folhas, não costumam ter coração. Convém reconhecê-las, umas para o proveito, outras para sombra.

CLXVII

Saber ajudar a si mesmo. Nos grandes apertos, não há companhia melhor do que um bom coração, e, quando fraquejar, deve-se suprir-

-se das partes que estão à sua volta. As fainas acabam sendo menores para aqueles que sabem valer-se de si mesmo. Não se renda ao infortúnio, pois deixará tudo intolerável. Alguns se ajudam pouco nos seus trabalhos, e os dobram por não saber levá-los. Aquele que já se conhece socorre a sua fraqueza com a consideração, e o discreto escapa vitoriosamente de tudo, até da má sorte.

CLXVIII

Não acabar como um monstro da ignorância. Assim são todos os vãos, os presunçosos, os obstinados, os caprichosos, os convencidos, os extravagantes, os ridículos, os hilários, os fantasiosos, os contraditórios, os sectários e todo gênero de homens destemperados, todos monstros da impertinência. Toda monstruosidade do espírito é mais disforme do que a do corpo, porque destoa da beleza superior. Mas quem corrigirá tanta desordem generalizada?! Onde falta a sindérese não há lugar para a direção, e aquilo que deveria ser uma observação considerada a partir do escárnio acaba sendo uma presunção mal concebida de um aplauso imaginado.

CLXIX

Mais atenção para não errar nem uma vez do que para acertar cem. Ninguém olha para o sol resplandecente, e todos, ao eclipsado. O comentário vulgar não levará em conta as vezes que você acertou, senão as que errou. Mais conhecidos são os males pelos murmúrios do que os bens pelos aplausos; e muitos não foram conhecidos até que delinquiram: nem todos os acertos juntos bastaram para desmentir um único e mínimo agravo. E que nenhum homem se iluda: a malevolência notará todos os males, mas nenhum bem.

CLXX

Manter uma reserva em todas as coisas. Isso assegurará a sua posição importante. Não se deve empenhar todos os recursos, nem se deve usar, cada vez, todas as forças. Até no saber deve haver resguardo, pois isso é dobrar as perfeições. Sempre deve haver ao que apelar num aperto para sair do mal. O socorro faz mais do que a acometida, porque é valoroso e honrável. O procedimento do bom siso sempre foi pelo seguro. E até nesse sentido aquele paradoxo aguçado é verdadeiro: "Mais é a metade do que o todo".

CLXXI

Não desperdiçar favores. Os amigos grandes são para grandes ocasiões; não se deve empregar uma grande confiança em coisas pequenas, pois seria desperdício da graça: a âncora da última esperança se reserva sempre para o perigo extremo. Se no pouco se abusa do muito, o que sobrará para depois? Não há coisa que ampare mais do que os amparadores, nem mais preciosa hoje do que o favor: faz e desfaz no mundo, até dar engenhosidade ou recompensá-la. Aos sábios, o que a natureza e a fama lhes favoreceram, a fortuna invejou. É melhor saber conservar as pessoas, e tê-las, do que as possessões.

CLXXII

Não se envolver com quem não tem nada a perder. É lutar em desigualdade. O outro entra com desembaraço porque não traz nem a vergonha, pois já a perdeu; acabou com tudo, não tem mais o que perder, e, assim, se lança a toda impertinência. Nunca se deve expor a inestimável reputação a um risco tão cruel. Custou muitos anos para ganhar, e vem a perder-se num piscar de olhos. Um deslize derrama no chão muito suor honesto. Ter muito a perder faz o homem de altos cargos pensar duas vezes; atentando para o seu crédito, atenta para o contrário, e, como age com atenção, procede com tal detenção que dá tempo à prudência para retirar-se a tempo e pôr a sua honra a salvo. Nem com a vitória se chegará a ganhar o que já se perdeu ao expor-se a perder.

CLXXIII

Não ser de vidro no trato. Muito menos na amizade. Alguns se quebram com facilidade, desvendando a sua pouca consistência; se enchem a si mesmos de danos, os demais de enfado. Mostram ter uma condição mais pupilar que a dos olhos, pois não permitem ser tocados nem de brincadeira, nem à vera; os ciscos já os ofendem, e assim não precisam de censuras. Aqueles que lidam com eles devem agir com muito tato, atentando sempre às suas delicadezas, sondando os ares, porque o mais leve agravo os perturba. Ordinariamente esses são muito intocáveis, escravos dos seus gostos, pois em prol deles atropelam tudo: idólatras da sua própria vaidade. A condição do amante tem a metade da do diamante, na durabilidade e na resistência.

CLXXIV

Não viver às pressas. Saber repartir as coisas é saber gozá-las. A muitos sobra vida e, para eles, a felicidade acaba; estragam as alegrias, pois não as gozam, e depois, lá na frente, querem voltar atrás. São postilhões da vida, os quais, além do correr comum do tempo, adicionam o seu atropelamento genial. Querem devorar num dia o que só poderiam digerir em toda a vida. Vivem antecipando as felicidades, consomem-se os anos por vir e, como vão com tanta pressa, acabam logo com tudo. Até no querer saber deve haver moderação, para não acabar sabendo as coisas mal sabidas. Há mais dias do que alegrias. Desfrutar com folga; agir com presteza. As façanhas são boas quando estão feitas; as alegrias, quando acabadas, são más.

CLXXV

O homem de substância. E aquele que é não se contenta com os que não são. Infeliz é a eminência que não se fundamenta na substância. Nem todos os que parecem homens realmente são; há aqueles que são embustes, pois concebem ilusão e parem engano; e há outros, seus semelhantes, que os apoiam e gostam mais do incerto, que promete um embuste, por ser muito, do que do certo, que assegura uma verdade, por ser pouco. No fim, os seus caprichos acabam mal porque não têm fundamento na integridade. Só a verdade pode dar uma reputação verdadeira, e a substância se apodera do bom proveito. Um engano exige muitos outros e, assim, toda a fabricação é uma fantasia, e, como se alicerça no ar, é preciso cair por terra. Uma perplexidade nunca chega a ficar velha: ver o muito que promete basta para fazê-lo suspeito, assim como aquilo que se mostra demasiado é impossível.

CLXXVI

Saber ou escutar quem sabe. Sem entendimento não se pode viver, seja ele próprio, seja emprestado; mas há muitos que ignoram que não sabem, e outros que pensam que sabem, não sabendo. As falhas da tolice são irremediáveis porque, como os ignorantes não as conhecem, tampouco buscam o que lhes falta. Alguns seriam sábios se não cressem que são. Com isso, embora sejam raros os oráculos da sabedoria, esses vivem ociosos, porque ninguém os consulta. Aconselhar-se não diminui a grandeza, nem contradiz a capacidade; antes, buscar conselhos é motivo de bom crédito. Debata com a razão para que a miséria não o combata.

CLXXVII

Evitar familiaridades no trato. Não devem ser nem usadas nem permitidas. Aquele que se iguala perde logo a superioridade que a sua integridade lhe dava e, com ela, a estima. Os astros, não ombreando conosco, se conservam no seu esplendor. A divindade exige decoro. Toda a humanidade endorsa o desprezo. O trato humano, quanto mais se tem, menos se tem; porque com a comunicação se comunicam as imperfeições que estavam encobertas com o recato. Não convém se igualar com nada: nem com os maiores, por conta do perigo, nem com os inferiores, por causa da indecência; muito menos com a vileza, que é atrevida por ser néscia, e, não reconhecendo o favor que lhe é feito, presume obrigação. A facilidade é um ramo da vulgaridade.

CLXXVIII

Crer no coração. Principalmente quando esse é provado. Nunca o desminta, pois costuma ser o prognóstico do que mais importa: um oráculo caseiro. Muitos pereceram do que temiam; mas, de que serviu temer sem remediar? Alguns têm um coração muito leal, uma vantagem da superioridade natural, pois ele sempre os previne e pulsa a infelicidade para remediar o que está errado. Não é sensato sair para receber os males, mas sim sair ao seu encontro para vencê-los.

CLXXIX

A reticência é o selo da capacidade. Um peito sem segredo é uma carta aberta; onde há profundidade, estão os segredos profundos, pois há grandes espaços e enseadas onde se afundam e se escondem as coisas importantes. Isso procede de um grande senhorio de si, e o vencer-se nisso é o verdadeiro triunfo. Pagamos um tributo a todos os que nos desvendam. Na temperança interior consiste a saúde da prudência. Os riscos da retentiva são a tentativa alheia: o contradizer para cutucar, o fazer insinuações para provocar, dessa maneira, o mais fechado dos atentos. As coisas que devem ser feitas não devem ser ditas, e as que devem ser ditas não devem ser feitas.

CLXXX

Nunca reger-se pelo que o inimigo deveria fazer. O néscio nunca fará o que o sensato julga, porque não compreende o que convém. Tampouco fará se for discreto, porque quererá desmentir a intenção sondada e até prevenida. Deve-se pensar sobre as questões por ambas as perspectivas, e se revolver por um lado e pelo outro, dispondo as duas vertentes. Os ditames são variados: que a imparcialidade esteja atenta, nem tanto para o que será quanto para o que pode ser.

CLXXXI

Sem mentir, não dizer todas as verdades. Não há nada que exija mais cuidado do que a verdade, pois é abrir o coração. A cautela é necessária tanto para saber dizê-la quanto para saber calá-la. Com apenas uma mentira perde-se todo o crédito da integridade: o engano é tido como uma falta e o enganador como uma farsa, o que é pior. Nem todas as verdades podem ser ditas: umas porque importam apenas a mim, e outras, a outros.

CLXXXII

Um grão de audácia com todos é uma sabedoria importante. Deve-se moderar o conceito das outras pessoas para não concebê-las de forma tão elevada que você as tema: que a imaginação nunca domine o coração. Alguns parecem ser muita coisa até que se lide com eles; mas tal comunhão serviu mais de desengano do que de estima. Ninguém excede os curtos limites do homem; todos têm o seu *senão*, uns no engenho, outros no gênio. A dignidade da autoridade aparente poucas vezes acompanha a pessoal, pois a sorte costuma vingar a superioridade do cargo na inferioridade dos méritos. A imaginação sempre se adianta e pinta as coisas muito mais do que são. Concebe não só o que há, mas o que poderia haver. Corrija-a a razão, tão desenganada pelas experiências. Mas nem a ignorância deve ser atrevida, nem a virtude, temerosa. E, se a confiança ajudou o simples, quanto mais o valoroso e o entendido?

CLXXXIII

Não receber o conhecimento com intransigência. Todo néscio é persuadido, e todo persuadido, néscio, e quanto mais errônea a sua opinião, maior é a sua tenacidade. Até quando há evidências, é engenhoso ceder, pois não se ignora a razão que você de fato teve, e se conhece a galanteria que tem. Mais se perde com a insistência do que se pode ganhar com o convencimento. Não é defender a verdade, senão grosseria. Há cabeças de ferro, difíceis de convencer, de forma extremamente irremediável; quando se junta o caprichoso com o persuadido, indissoluvelmente se casam com a ignorância. O afinco deve estar na vontade, não no juízo. No entanto, há exceções nos casos em que não se pode perder e, assim, ser vencido duas vezes: uma no argumento, outra na execução.

CLXXXIV

Não fazer cerimônia. Pois até num rei, a afetação nisso foi solenizada como singularidade[28]. Essa minuciosidade de quem tem muitos pontos de honra é enfadonha, e há nações que são tocadas por essa delicadeza. O vestido da ignorância se cose com esses pontos, idólatras de sua honra, e que mostram que essa se alicerça sobre o pouco, pois temem que tudo possa ofendê-la. É bom buscar respeito, mas não seja tido por grande mestre de cumprimentos. É bem verdade que o homem sem cerimônias necessita de excelentes virtudes. Nem se deve buscar nem desprezar a cortesia; não se mostra grandioso aquele que repara nas minúcias.

CLXXXV

Nunca exponha a sua reputação toda de uma vez, pois, se essa não se sair bem, o dano é irreparável. É muito provável errar uma vez, principalmente na primeira; nem sempre se está no melhor momento, ou, como se diz, "se está no seu dia". Portanto, caso erre, afiance a segunda para redimir primeira; e, se acertar, a primeira será o livramento da segunda. Sempre deve haver recurso para melhoria e uma apelação a mais. As coisas dependem de contingências, e muitas. Logo, a felicidade de sair bem é rara.

CLXXXVI

Conhecer os seus defeitos, por mais sancionados que sejam. Não desconheça a totalidade do vício, ainda que se revista de brocado: talvez se coroe de ouro, mas nem por isso consegue dissimular o ferro. Não se perde a escravidão da sua vileza, ainda que se negue isso com a nobreza do sujeito. Os vícios podem muito bem estar destacados, mas não são destaques. Alguns veem que tal herói teve tal falha, mas não veem que foi herói por conta dela. O exemplo de alguém superior é tão instrutivo que até as suas fealdades persuadem. Às vezes, a lisonja imita até as do rosto, sem perceber que, se na grandeza elas são ignoradas, na baixeza são abominadas.

CLXXXVII

Tudo o que é favorável, fazer pessoalmente; tudo o que é odioso, fazer por terceiros. Com um se ganha afeição, com o outro se evita a malevolência. Para os grandes homens, é melhor fazer o bem do que recebê-lo, pois a sua generosidade é a sua felicidade. Poucas vezes se dá desgosto a outro sem recebê-lo, ou por compaixão ou por remorso. Os agentes superiores não operam sem premiar ou reprimir. Inflija o bem diretamente e o mal indiretamente. Tenha alguém para receber os golpes do descontentamento, que são o ódio e a murmuração. A raiva vulgar costuma ser como a canina, que, desconhecendo a causa do seu dano, se volta contra o instrumento; e, ainda que esse não tenha a culpa principal, padece a pena de imediato.

CLXXXVIII

Trazer elogios. Isso é crédito para o seu bom gosto, pois indica ser aperfeiçoado e que os presentes lhe devem apreço. Quem antes soube conhecer a perfeição saberá estimá-la depois. Adiantando as notícias louváveis, dá-se matéria à conversação e à imitação. É um modo político de vender a cortesia aos perfeitos presentes; outros, ao contrário, trazem sempre o que vituperar, fazendo lisonja ao presente com o desprezo do ausente. Esses saem-se bem com os superficiais, que não percebem o truque de falar muito mal de uns com outros. É a política de alguns estimar mais as mediocridades de hoje do que as maravilhas de ontem. Que o atento conheça essas sutis abordagens e não lhe cause espanto o exagero de um, nem envaidecimento a lisonja do outro; e entenda que procedem do mesmo modo tanto com um quanto com outro; trocam os sentidos e ajustam-se sempre ao lugar em que falam.

CLXXXIX

Valer-se da privação alheia, pois, caso se transforme em desejo, é a coerção mais eficaz. Os filósofos disseram que isso não era nada, e os políticos, tudo. Esses entenderam melhor. Uns fazem dos desejos de outros os degraus para alcançar os seus fins. Aproveitam-se da ocasião e, com a dificuldade da realização, provocam o apetite. Fiam-se mais na tendência da paixão do que na tibieza da possessão, e, ao passo que cresce a repugnância da dificuldade, o desejo se incendeia mais. Grande sutileza para alcançar as intenções: conservar as dependências.

CXC

Achar consolo em tudo. Até os inúteis têm o consolo de serem eternos. Não há afã sem conforto: os néscios têm o de serem sortudos, e também se fala da "sorte grande do feio". A saída para viver muito é valer pouco. O vaso quebrado é o que nunca termina de romper, e que cansa de tanto durar. Parece que a fortuna inveja as pessoas mais importantes, pois iguala a duração com a inutilidade de umas e a importância com a brevidade das outras. Faltarão tantos quantos importarem, e permanecerá eterno aquele que não tem nenhum proveito, ora porque assim parece ser, ora porque realmente é assim. A sorte e a morte parecem fazer um acordo para se esquecerem do desafortunado.

CXCI

Não se agradar de muita cortesia, pois é uma espécie de engano. Alguns não precisam das ervas da Tessália para enfeitiçar[29], pois só com a graciosidade de tirar o chapéu já encantam os néscios, digo, os enganados. Põem preço na honra e pagam com o vento de umas belas palavras. Quem promete tudo, não promete nada, e a promessa é a armadilha para os néscios. A verdadeira cortesia é uma dívida; a fingida, e principalmente a exagerada, é engano: não é decência, mas dependência. Não se faz reverência à pessoa, senão à fortuna e à lisonja; não aos talentos que reconhece, mas às utilidades que espera.

CXCII

Homem de paz, homem de longa vida. Para viver, deixe viver. Os pacíficos não só vivem, mas até reinam. Deve-se ouvir e ver, mas também se calar. O dia sem contenda faz a noite sonolenta. Viver muito e viver com gosto é viver por dois, e é o fruto da paz. Tudo tem a quem não se dá nada do que não lhe importa. Não há absurdo maior do que levar tudo a sério. Tolice igual é deixar passar pelo coração quem não lhe pertence, e não guardar no peito quem lhe importa.

CXCIII

Atente para aquele que entra com a intenção alheia para sair com a sua. Não há remédio para a astúcia como a perceptividade. Para um entendido, um bom entendedor. Alguns fazem alheio o seu próprio negócio, e sem a contracifra das intenções se acha, a cada passo, mais empenhado em tirar do fogo o proveito alheio com o dano da sua própria mão.

CXCIV

Ter uma ideia sensata sobre si e as suas coisas. Ainda mais ao se começar a vida. Todos têm uma alta concepção de si mesmo, e mais os que são menos. Cada um sonha a sua própria fortuna, e se imagina um prodígio. A esperança age desatinadamente, e depois a experiência não cumpre nada. O desengano da realidade verdadeira serve de tormento à sua vã imaginação. Que a sensatez corrija discrepâncias semelhantes, e, ainda que se possa desejar o melhor, sempre deve-se esperar o pior, para receber o que vier com equanimidade. É destreza atirar mais alto para ajustar o tiro, mas não a ponto de ser um desatino. Ao começar as empreitadas, é necessária essa reforma de conceitos, pois a presunção, sem a experiência, costuma pôr as coisas fora de escala. Não há medicina mais universal para todas as ignorâncias do que o siso. Que cada um conheça a esfera da sua atividade e do seu estado, e poderá regular os conceitos com a realidade.

CXCV

Saber apreciar. Não há ninguém que não possa ser professor de outro em alguma coisa; nem há quem não exceda ao que excede. Saber desfrutar de cada um é um útil saber: o sábio estima todos porque reconhece o bem em cada um e sabe quanto custa fazer bem as coisas. O néscio despreza todos por não conhecer o bem e por escolher o pior.

CXCVI

Conhecer a sua estrela da sorte. Não há ninguém tão desvalido que não a tenha, e, se é azarado, é por não conhecê-la. Alguns estão do lado de príncipes e poderosos sem saber nem como nem por quê, senão que a sua própria sorte lhes facilitou o favor; para a indústria só sobra ajudar. Outros se acham na graça dos sábios: um foi mais aceito numa nação do que em outra, e mais bem visto nessa cidade do que naquela. Também se experimenta mais sorte num emprego e posição do que nos outros, e tudo isso em igualdade e até identidade de méritos. A sorte embaralha como e quando quer; cada um conheça a sua, assim como a sua habilidade, pois isso é questão de ganhar ou perder. Saiba segui-la e ajudá-la; não as troque, pois seria errar o norte ao qual chama a constelação vizinha.

CXCVII

Nunca se embaraçar com os néscios. Néscio é aquele que não os reconhece, e ainda mais aquele que, conhecendo, não os descarta. São perigosos para o trato superficial, e perniciosos para a confidência. E, ainda que o seu receio e cuidado próprio os contenham por algum tempo, no final farão ou falarão tolices, e, se tardarem, será para deixá-las mais solenes. Mal pode ajudar na reputação alheia quem não a tem para si próprio. São infelicíssimos, pois são o sobreosso da ignorância, e se apegam uns à outra. Só há uma coisa que eles têm que é um pouco melhor, e é que, apesar de que para eles os sensatos não são de nenhum proveito, eles são sim muito úteis para os sábios, ou como exemplo ou como aviso.

CXCVIII

Saber se transplantar. Há pessoas que, para terem valor, devem se mudar, ainda mais quando ocupam postos elevados. As pátrias acabam sendo madrastas dos próprios filhos eminentes: reina nelas a inveja como se essa estivesse na sua terra natal, e se despertam mais para as imperfeições com as quais se começou do que para a grandeza a qual chegou. Um alfinete pôde conseguir uma alta estima passando de um mundo a outro, e um vidro pôs o diamante em desprezo porque foi trasladado. Todo o estranho é estimado, ora porque veio de longe, ora porque já se acha feito e em sua perfeição. Já vimos sujeitos que foram o desprezo do seu rincão e hoje são a honra do mundo, sendo estimados pelos próprios e pelos estranhos; por aqueles porque os veem de longe, por esses porque vieram de longe. A estátua no altar nunca será bem venerada por aquele que a conheceu como um tronco no horto.

CXCIX

Saber abrir o seu próprio caminho como um homem sensato, e não como um intrometido. O verdadeiro caminho para a boa reputação é o dos méritos, e, se a indústria se fundamenta no valor, é atalho para o alcançar. Só a integridade não basta, só a solicitude é indigna, pois as coisas chegam tão maculadas que são um asco para a reputação. O caminho consiste num equilíbrio entre merecer e saber se introduzir.

CC

Manter algum objeto de desejo, para não ser afortunado e sem alegria. O corpo respira; o espírito anela. Se tudo for possessão, tudo será desengano e descontentamento; até no entendimento sempre deve haver algo desconhecido, do qual a curiosidade se alimente. A esperança dá fôlego e ânimo; as farturas de felicidade são mortais. Ao premiar, a destreza é nunca satisfazer; se não há mais nada para desejar, tudo é motivo de medo: sorte azarada. Onde acaba o desejo começa o temor.

CCI

São tolos todos que parecem ser, e são meio tolos os que não aparentam ser. A necedade alcançou todo o mundo, e se há um pouco de sabedoria, é estultícia comparada com a do céu; mas o maior néscio é aquele que não pensa que é, e define todos os outros como se fossem. Para ser sábio, não basta parecer ser sábio, muito menos parecer para si mesmo: sabe aquele que pensa que não sabe; e não vê aquele que não vê o que os outros veem. Por estar todo o mundo cheio de néscios, não há ninguém que pensa que é um, nem ao menos que receia que é.

CCII

Ditos e feitos fazem um homem consumado. Deve-se falar o que é muito bom e fazer o que muito honroso; uma é a perfeição da cabeça, a outra do coração, e de ambas nasce a superioridade de espírito. As palavras são as sombras dos feitos: aquelas são as fêmeas, e esses os varões. É mais importante ser celebrado do que ser celebrante. Falar é fácil e fazer é difícil. As façanhas são a substância do viver, e as sentenças proferidas, o ornamento: a eminência dos feitos dura, a dos ditos passa. As ações são fruto das aplicações: palavras sábias, feitos valorosos.

CCIII

Conhecer os homens eminentes do seu século. Não são muitos: uma Fênix em todo o mundo, um Grande Capitão, um perfeito Orador, um Sábio em todo um século, um Rei eminente em muitos[30]. As mediocridades são ordinárias em número e apreço; as eminências, raras em tudo, porque requerem o complemento do aperfeiçoamento, e, quanto mais sublime a categoria, mais difícil é o extremo destaque. Muitos tomaram o renome de "Grande"[31], que pertenceu a César e Alexandre, mas em vão, porque, sem os feitos, a voz não é nada mais do que um pouco de ar: houve poucos Sênecas, e só a um Apeles a fama celebrou.

CCIV

Empreender o fácil como difícil, e o difícil como fácil. Lá para que a confiança não seja um descuido; aqui para que a desconfiança não seja um desmaio. Não precisa de mais nada para que uma coisa não seja feita além de dá-la por feita. E, contrariamente, a diligência aplana a impossibilidade. Os grandes empenhos não devem ser nem pensados: basta se oferecer e empreendê-los, para que a dificuldade advertida não gere hesitação.

CCV

Saber lançar desprezo. É um truque, para alcançar as coisas, desprezá-las. Comumente não se acha o que se procura e, depois, no descuido, chega à mão. Como todas as coisas daqui são sombras das eternas, participam da sombra desta propriedade: fogem de quem as segue e perseguem a quem foge. O desprezo também é a vingança mais política. Máxima única dos sábios: nunca se defender com a pena[32], porque deixa rastro, e acaba sendo mais glória para a rivalidade do que castigo para a insolência. É a astúcia dos indignos se opor a grandes homens para serem indiretamente celebrados, quando não mereciam diretamente: pois não conheceríamos muitos se os seus excelentes rivais não tivessem feito caso deles. Não há vingança melhor que o esquecimento, que é sepultá-los no pó do seu nada. Presumem, temerosos, fazer-se eternos, pondo fogo nas maravilhas do mundo e dos séculos. A arte de resolver a maledicência é não fazer caso: impugná-la causa prejuízo, e dar-lhe crédito, descrédito. À rivalidade, então, complacência, pois qualquer consideração dada àquela sombra de mancha já deslustra, a qual, agindo assim, não obscurecerá totalmente a maior perfeição: a benevolência demonstrada ao ofensor.

CCVI

Ter ciência de que o vulgar está em todas as partes: na própria Corinto[33], na família mais seleta. Das portas da sua própria casa para dentro, cada um o experimenta. Mas há o vulgar e o vulgar do vulgar, que é pior. Esse, especial, tem as mesmas propriedades do comum, como os pedaços de um espelho quebrado, e ainda mais prejudiciais. Fala como néscio e censura impertinentemente, grande discípulo da ignorância, padrinho da necedade e aliado da tagarelice. Não se deve dar atenção ao que diz, muito menos ao que sente. Importa conhecê-lo para livrar-se dele, pois qualquer inépcia é vulgaridade, e o vulgo é composto de néscios.

CCVII

Ser comedido. Deve-se ter mais domínio do caso nos acasos. Os ímpetos das paixões são desfiladeiros da cordura, e ali estão os riscos de perder-se. Acontece mais num instante de furor ou prazer do que em muitas horas de indiferença. Talvez as paixões corram soltas num momento para se ter que correr atrás das consequências o resto da vida. A astuta intenção alheia traça essas tentações da prudência, para sondar o terreno ou o ânimo; semelhantemente, ela busca perscrutar, torcendo de um lado e de outro, o mais secreto, e costuma desentranhar os maiores tesouros ocultos. Que a defesa ardilosa seja a contenção, principalmente na pronta resposta. É necessária muita reflexão para que não se acabe deixando uma paixão aflorar, e grande sensato é aquele que está a cavalo[34]. Vá com tato aquele que percebe o perigo. O que a palavra lançada de súbito parece ter de ligeira, ela tem de pesada para quem a recebe e a pondera.

CCVIII

Não morrer[35] *da mazela do néscio.* Comumente, os sábios morrem faltos de cordura. Ao contrário, os néscios, fartos de conselho. Morrer de néscio é morrer por pensar demais. Uns morrem porque sentem demais[36], e outros vivem porque não sentem. E, assim, uns são néscios porque não morrem de sentimento, e outros o são porque morrem dele. Néscio é aquele que morre por ser muito entendido. De sorte que uns morrem por serem entendidos e outros vivem de não entender; mas, por muitos morrem de néscios, poucos néscios morrem.

CCIX

Livrar-se das necedades comuns. Essa é uma sensatez muito especial. Tais inépcias têm muita validade por serem muito difundidas, e alguns, que não se renderam à ignorância particular, não souberam escapar da comum. Vulgaridade é ninguém estar contente com a sua sorte, mesmo sendo a maior, nem descontente com o seu engenho, ainda que seja o pior. Todos cobiçam, com descontentamento da própria, a felicidade alheia. Também os de hoje louvam as coisas de ontem, e os de cá, as de lá. Tudo o que é passado parece melhor, e tudo o que é distante é mais estimado. Tão néscio é aquele que ri de tudo quanto aquele que sofre com tudo.

CCX

Saber fazer uso da verdade. Ela é perigosa, mas o homem de bem não pode deixar de dizê-la. Aqui é mister a habilidade. Os peritos médicos do espírito inventaram um modo de adoçá-la, porque, quando toca no desengano, ela é o cúmulo do amargo. A boa maneira se vale aqui da sua destreza. Com uma mesma verdade, se lisonjeia um e se espanca outro. Deve-se falar aos presentes usando os do passado. Com o bom entendedor, basta dar indicações, e quando essas não bastarem, é o caso emudecer. Os príncipes não serão curados com coisas amargas: por isso há a arte de dourar os desenganos.

CCXI

No Céu, tudo é alegria, no Inferno, tudo é pesar. No mundo, como no meio, há um e outro. Estamos entre dois extemos e, assim, participa-se de ambos. Alternam-se as sortes: nem tudo há de ser felicidade, nem tudo, adversidade. Este mundo é um zero: sozinho, não vale nada: juntando-o ao Céu, vale muito. A indiferença à sua variedade é bom-senso, nem é dos sábios se impressionar com novidades. A nossa vida vai passando como uma peça de teatro; no fim, todo o enredo se encaixa: atenção, portanto, para terminar bem.

CCXII

Poupar sempre os últimos truques da sua arte. Isso é característico dos grandes mestres, que se valem da sua sutileza até no próprio ensino. Sempre deve-se permanecer superior e sempre mestre. Deve-se comunicar a arte com arte; nunca se deve esgotar a fonte do ensino, assim como a das dádivas. Com isso, conserva-se a reputação e a dependência. No agradar e no ensinar deve-se observar aquela grande lição de sempre ir cevando a admiração e progredindo para a perfeição. A contenção em todas as matérias sempre foi uma grande regra de vida, da vitória, e mais ainda nos trabalhos mais sublimes.

CCXIII

Saber contradizer. Esse é o grande truque para sondar e testar outras pessoas, não para se comprometer, senão para comprometê-las. A única provocação, a que penetra e incomoda no íntimo, é aquela que faz aflorar os afetos; a tibieza para crer faz os anseios secretos serem vomitados, é a chave do peito mais fechado. Com grande sutileza se faz o duplo teste da vontade e do juízo. Um desprezo sagaz da misteriosa palavra do outro apanha a caça dos segredos mais profundos, e, pedaço por pedaço, vai trazendo-os até a língua, para que caiam nas redes do artificioso engano. A reserva do sensato faz o outro lançar-se do seu recato, e descobre o sentimento alheio, o que, de outro modo, deixaria o coração inescrutável. Uma dúvida simulada é o anzol mais sutil da curiosidade para saber o quanto quiser; e até no aprendizado, o truque do discípulo é contradizer o mestre, que acaba revelando mais naturalmente a declaração e o fundamento da verdade; de sorte que a impugnação moderada dá ocasião ao ensino completo.

CCXIV

Não fazer, de uma estupidez, duas. É muito comum, para remendar uma insensatez, cometer outras quatro: desculpar uma impertinência com outra maior pertence à casta da mentira, ou a mentira pertence à da necedade, pois para sustentar uma necessita de muitas. Sempre foi pior que um pleito ruim continuar patrocinando-o; pior que o próprio pior é não saber desmenti-lo. A taxa das imperfeições é cobrar os gastos de muitas outras; o maior sábio pode cair num descuido, mas não em dois, e de passagem, mas não de assento.

CCXV

Atenção com quem chega com segundas intenções. É um ardil do homem tratante distrair a vontade para atacá-la, pois é vencida ao ser convencida. Dissimula o intento, para alcançá-lo, e o põe em segundo plano para que na execução do plano seja o primeiro; garante-se o tiro ao dá-lo inadvertidamente. Mas que a atenção não durma quando as intenções forem reveladas, e se uma é feita segunda para a dissimulação, a outra é feita primeira para o conhecimento. Que a cautela atente para as artimanhas com as quais é abordada, e note as pontas soltas que vão ficando para dar o ponto da sua verdadeira pretensão. Propõe uma coisa e pretende outra, e revolve com sutileza para deixar a sua intenção final em branco; saiba exatamente, portanto, o que lhe concede, e talvez será conveniente dar a entender que entendeu.

CCXVI

Ter clareza. Isto é, não só desembaraço, mas desenvoltura nos conceitos. Alguns concebem bem e parem mal, pois sem a clareza não dão à luz os filhos da alma, os conceitos e as decisões. Alguns têm o formato daquelas vasilhas que contêm muito e comunicam pouco; contrariamente, outros dizem mais do que percebem. O que a resolução é na vontade, a explicação é no entendimento, duas grandes qualidades. Os engenhos claros são louváveis, os confusos foram venerados por não serem entendidos; e talvez a obscuridade seja conveniente para não ser vulgar. Mas, como os que ouvem formarão uma ideia clara, se os que dizem não têm um conceito claro do que dizem?

CCXVII

Não se deve nem querer nem aborrecer para sempre. Confie nos amigos de hoje como inimigos de amanhã, e dos piores; e porque acontece na realidade, aconteça na prevenção. Não se devem dar armas aos desertores da amizade, que as usam para fazer a maior guerra; pelo contrário, com os inimigos, sempre haja uma porta aberta para a reconciliação, e que essa seja a da galanteria: é a mais segura. Algumas vezes, a vingança de antes atormenta depois, e a alegria no mal que se fez serve de pesar.

CCXVIII

Nunca agir por teimosia, senão por atenção. Toda teima é uma pústula, uma grande filha da paixão, a que nunca fez nada direito. Há alguns que reduzem tudo à guerra; são bandoleiros do trato, quando fazem algo querem que seja tudo na base da vitória: não sabem proceder pacificamente. Esses, para mandar e reger, são perniciosos, porque fazem do governo uma facção, e inimigos dos que haviam de ser filhos. A tudo querem fazer com uma estratégia, e conseguir como o fruto do seu artifício; mas, descobrindo os outros o seu ânimo contraditório, logo se armam contra eles, procurando se opor às suas contendas, e, assim, nada conseguem. Andam muito fartos de enfados, e todos cooperam para o seu desgosto. Esses têm um juízo lesado e talvez um coração quebrado. O modo de lidar com semelhantes monstros é fugir para o outro lado do mundo, pois a barbárie daqueles será melhor do que a ferocidade desses.

CCXIX

Não ser tido por homem ardiloso, ainda que não se possa viver sem artifício. Antes prudente a astuto. A lisura no trato é agradável a todos, mas nem todos querem praticá-la por si mesmos. Que a sinceridade não acabe no extremo da simplicidade, nem a sagacidade, no da astúcia. Seja antes venerado por ser sábio do que temido por perspicaz. Os sinceros são amados, mas enganados. Que o maior artifício seja encobrir o que se tem por engano. A franqueza floresceu no século de ouro; neste de ferro, a malícia. O crédito de homem que sabe o que deve fazer é honroso e gera confiança, mas o de ardiloso é sofístico e engendra receio.

CCXX

Quando não puder vestir a pele de leão, vista a da raposa. Saber ceder ao tempo é exceder. Aquele que sai em prol do intento geral nunca perde a reputação. À falta de força, destreza: por um caminho ou por outro, ou pelo real do valor ou pelo atalho do artifício. Mais coisas tem feito a manha do que a força, e mais vezes os sábios venceram os valentes do que o contrário. Quando não se pode alcançar uma coisa, use o desprezo[37].

CCXXI

Não ser impulsivo e determinado pelas circunstâncias: nem para se empenhar, nem para empenhar outros. Há aqueles que são tropeços para o decoro, tanto próprio quanto alheio, sempre à beira da necedade. São encontrados com grande facilidade e mandados embora com dificuldade. Não se satisfazem com cem enfados por dia; têm um humor contencioso e, assim, contradizem tudo e todos. Calçaram o juízo ao contrário e, assim, reprovam tudo. Mas os maiores tentadores da cordura são os que nada fazem bem e de tudo falam mal, pois há muitos monstros no vasto país da impertinência.

CCXXII

Homem contido, evidência de ser prudente. A língua é uma fera, pois, uma vez solta, é muito difícil de conseguir colocá-la na corrente de novo. Ela é a sonda da alma, por onde os sábios conhecem a sua disposição; aqui os atentos sentem o pulso dos movimentos do coração. O mal é que aquele que deveria ser mais comedido é o menos. O sábio evita enfados e empenhos, e mostra o quanto é senhor de si. Procede circunspecto, Jano na constância, Argos na verificação. Melhor seria se Momo quisesse mais ter colocado olhos nas mãos do que uma janela no peito.

CCXXIII

Não ser muito individualizado. Ou por afetação ou por desatenção, alguns têm uma individualidade notável, com várias manias, que são mais defeitos do que diferenças. E, assim como alguns são muito conhecidos por uma feiura singular do rosto, assim esses por algum excesso no procedimento. Individualizar-se só serve para ser reparado e criticado, com uma especialidade impertinente, que provoca alternadamente uns ao riso, e outros ao tédio.

CCXXIV

Saber como levar as coisas: nunca de forma contrária, ainda que elas cheguem até você assim. Todas têm o lado certo e o avesso. O melhor é mais favorável, mas se é pego no fio da lâmina, uma lástima; pelo contrário, até a mais repugnante defende, se tomada pelo punho. Muitas coisas foram motivos de tristeza que, se as conveniências tivessem sido consideradas, teriam sido motivos de alegria. Em tudo há convenientes e inconvenientes; a destreza está em saber abordar o que é favorável. Uma mesma coisa, vista sob luzes diferentes, gera visões diferentes; olhe pela luz da felicidade. Não se deve confundir e inverter o bem e o mal; daqui procede que alguns acharam contentamento em tudo, e outros, pesar. Esse é um grande remédio para os revezes da fortuna; e uma grande regra de vida para todo o tempo e para toda obra.

CCXXV

Conhecer o seu defeito-rei. Ninguém vive sem o contrapeso do talento preponderante, e, se a inclinação favorece o defeito, ele se apodera como um tirano. Comece a fazer-lhe guerra, publicando o cuidado contra ele, e o primeiro passo seja manifestá-lo, pois, sendo conhecido, será vencido, e ainda mais se o interessado tiver uma ideia dele como os outros o observam. Para ser senhor de si é necessário montar sobre si. Rendida essa líder de imperfeições, todas as outras se acabam.

CCXXVI

Atenção para criar obrigações. A maioria não fala nem age de acordo com quem é, mas como outros lhe obrigam. Para persuadir do mal qualquer um consegue, porque o mal tem muita credibilidade, ainda que talvez seja inacreditável. O maior e o melhor que temos depende do respeito alheio. Alguns se contentam em ter a razão ao seu lado, mas isso não basta, pois é necessário ajudá-la com a diligência. Criar uma obrigação às vezes custa muito pouco, e vale muito. Com palavras, se compram obras: não há uma joia nesta grande casa do universo que seja tão vil a ponto de não ser necessária pelo menos uma vez ao ano e, ainda que tenha pouco valor, fará grande falta; cada um fala das coisas segundo o seu próprio afeto.

CCXXVII

Não crer na primeira impressão. Alguns se casam com a primeira informação, de sorte que as demais são concubinas, e, como a mentira sempre se adianta, depois não há lugar para a verdade. Nem a vontade deve se encher do primeiro objeto, nem o entendimento da primeira proposição, o que significa escassez de profundidade. Alguns têm a capacidade de uma vasilha nova, a qual fica cheia do primeiro odor, tanto do licor mal quanto do bom. Quando essa superficialidade se torna conhecida, é perniciosa, porque dá pé à indústria maliciosa: os mal-intencionados previnem-se tingindo a credulidade superficial da cor que quiserem. Sempre deixe espaço para rever. Guarde, como Alexandre, a outra orelha para a outra parte. Dê lugar para uma segunda e terceira informação. Impressionar-se demonstra incapacidade, e um passo para apaixonar-se.

CCXXVIII

Não ser maledicente. Muito menos ser conhecido por isso, pois é ter a fama das infâmias. Não seja engenhoso em coisa alheia, o que é mais odioso do que dificultoso. Todos se vingam do maldizente, falando todos mal dele, e como ele é um e os outros, muitos, mais rapidamente será vencido do que os outros serão convencidos. Nunca há de se contentar com o mal, mas nem se deve comentar o mal. O murmurador é odiado para sempre, e, ainda que às vezes algumas pessoas importantes se associem a ele, e mais por gostarem da sua tolice do que por estimarem a sua sabedoria. E aquele que fala mal, sempre ouve pior.

CCXXIX

Saber repartir a sua vida sabiamente: não conforme surgem as ocasiões, senão por providência e escolha. A vida sem descansos é penosa, como uma longa jornada sem estalagens; a variedade erudita a faz alegre. Gasta-se a primeira parte do belo viver falando com os mortos; nascemos para conhecer e nos conhecermos, e os livros fielmente nos fazem pessoas. A segunda jornada é empregada com os vivos: ver e registrar tudo o que há de bom no mundo. Nem todas as coisas se encontram numa única terra; o Pai universal repartiu os dotes a cada uma delas e, às vezes, enriqueceu mais a feia. Que a terceira jornada seja toda para si: felicidade última, o filosofar.

CCXXX

Abrir os olhos a tempo. Nem todos os que veem estão de olhos abertos, nem todos os que olham, veem. Dar-se em conta tarde demais não serve de remédio, senão de pesar. Alguns começam a ver quando já não havia mais o que ver: já desfizeram as suas casas e as suas coisas antes de se fazerem. É difícil dar entendimento a quem não tem vontade, e mais difícil ainda é dar vontade a quem não tem entendimento; brincam com eles aqueles que vão ao seu redor, como fazem com cegos, para o riso de todos; e porque são surdos para ouvir, não abrem os olhos para ver. Mas não falta quem fomente essa insensibilidade, que fundamenta o seu ser em que os outros não sejam. Infeliz cavalo cujo dono não tem olhos: mal engordará.

CCXXXI

Nunca fazer as coisas pela metade: regozije-se na sua perfeição. Todos os princípios são informes, e depois fica na mente a imagem daquela deformidade; a memória de tê-lo visto imperfeito não nos deixa desfrutar o acabado. Gozar algo grandioso de uma única vez, mesmo que embarace a proporção das partes, de *per si* é agradável ao gosto. Antes de ser, tudo é nada, e no começar a ser cada coisa ainda está muito dentro do seu nada. Ver o manjar mais requintado ser preparado serve antes de asco do que de apetite. Evite, portanto, todo grande mestre, que as suas obras sejam vistas na sua forma embrionária; aprenda com a natureza a não as expor até que possam aparecer.

CCXXXII

Ser um pouco prático. Não seja tudo especulação, haja também ação. Os muito sábios são fáceis de enganar, porque, ainda que saibam o extraordinário, ignoram o ordinário da vida, que é o mais necessário. A contemplação das coisas sublimes não dá espaço às manuais; e, como ignoram a primeira coisa que se deve saber e na qual todos dão nó em pingo d'água, ou são admirados, ou são tidos por ignorantes do vulgo superficial. Procure, portanto, o homem sábio, ter algo de prático, o que baste para não ser enganado ou até zombado: seja um homem do factível, pois, ainda que não seja superior, é o mais necessário para viver. De que serve o saber se não é prático? E saber viver hoje é o verdadeiro saber.

CCXXXIII

Não errar o gosto alheio na investida, pois é criar um pesar no lugar de um prazer. Alguns, enquanto pensam que estão agradando para criar uma obrigação, estão sendo um enfado, por não compreenderem os gênios. Há obras que para uns são lisonjas e, para outros, ofensas, e aquilo que se cria ser um serviço foi um agravo. Às vezes custa mais dar um desgosto do que custaria dar um agrado. Perdem a gratidão e o dom porque perderam o norte do agradar. Se não se conhece o gênio alheio, mal se poderá satisfazê-lo; é por isso que alguns pensaram estar dizendo um elogio e disseram um vitupério, o que até foi um castigo merecido. Outros pensam entreter com a sua eloquência e incomodam a alma com a sua loquacidade.

CCXXXIV

Nunca penhore a sua reputação sem o penhor da honra alheia. Caminha-se para o proveito no silêncio, e para o dano na celeridade. Em questões de honra, sempre deve-se tratar com uma companhia, de sorte que a própria reputação dessa faça ela cuidar da alheia. Nunca se deve confiar a própria honra a outro, mas, se alguma vez, que seja com uma arte tal que a prudência ceda espaço à cautela. Que seja um risco comum e uma causa recíproca, para que aquele que se reconhece como partícipe não se converta em testemunha contra você.

CCXXXV

Saber pedir. Não há nada mais difícil para alguns, nem mais fácil para outros. Há alguns que não sabem negar: com esses não precisa de gazua. Há outros que o "não" é a sua primeira palavra em todas as horas. Com esses, a habilidade é necessária. E, com todos, a estação certa: para colher os ânimos quando estiverem alegres, ou pela satisfação do corpo, ou do espírito. Se a atenção da reflexão de quem atende já não previne a sutileza do que intenta, os dias de gozo são os dias de favor, que redunda do interior para o exterior. Não se deve chegar quando se vê negar a outro, pois ele já terá perdido todo o medo de dizer "não". Com a tristeza, não há boa jogada. Colocar sob obrigação de antemão é um bom negócio quando não se lida com alguém vil.

CCXXXVI

Pôr como uma obrigação antes através de um favor, aquilo que depois deveria ser um prêmio merecido. Essa é uma destreza dos grandes políticos; favores antes dos méritos são uma prova de homens de compromisso. O favor assim antecipado tem duas qualidades, pois, com a prontidão do que dá, obriga mais ainda o que recebe. Um mesmo dom, se depois é uma dívida, antes é um empenho. Esse é um modo sutil de transformar as obrigações, pois aquilo que havia de recair sobre o superior para premiar, se volta ao obrigado para satisfazer. Isso serve com gente de compromisso e honra, pois para os homens vis é melhor pôr freio do que espora, antecipando a paga da honra.

CCXXXVII

Nunca partilhar segredos com superiores.
Pensará partir peras, e partirá pedras: muitos

pereceram por serem confidentes. Esses são como usar o pão de colher, pois correm o mesmo risco depois. Quando o príncipe conta os seus segredos, não é um favor, senão um imposto. Muitos quebram o espelho porque acordam para a feiura: não pode ver o que pôde vê-lo, nem é bem-visto aquele que o viu mal. Não se deve ter ninguém sob tanta obrigação, muito menos o poderoso. Que as obrigações surjam pelos benefícios feitos, e não pelos favores recebidos; sobretudo, as confianças da amizade são perigosas. Aquele que comunicou os seus segredos a outro se fez escravo dele; e para os soberanos isso é uma afronta que não pode durar. Eles desejam voltar atrás e redimir a liberdade perdida, e para isso atropelarão tudo, até a razão. Os segredos, portanto, nem os ouça nem os diga.

CCXXXVIII

Conhecer a parte que falta. Muitos teriam sido pessoas completas se não lhes faltasse algo, sem o qual nunca chegam ao cume do ser perfeito. Observa-se em alguns que eles poderiam ser muito se reparassem em bom pouco. A seriedade faz falta para alguns, o que mancha os seus grandes talentos; a outros, a suavidade do comportamento, que é uma falta que os mais próximos logo sentem, ainda mais em pessoas de posições elevadas. Em alguns, deseja-se a vontade de fazer, e em outros o controle de si; todos esses defeitos, se lhes advertissem, poderiam ser supridos com facilidade, pois o cuidado pode fazer do hábito uma segunda natureza.

CCXXXIX

Não ser ríspido: é mais importante ser prudente. Saber mais do que convém é despontar demais, pois isso rompe as sutilezas comuns. Mais segura é a verdade bem sedimentada. É bom ter entendimento, mas não ser tagarela. Discorrer demais é um ramo da contenda. É melhor um bom juízo substancial, pois não discorre mais do que importa.

CCXL

Saber usar a necedade. Às vezes, os maiores sábios jogam essa peça, e há ocasiões tais que o melhor saber consiste em mostrar que não sabe. Não se deve ser ignorante, mas sim simular ignorância. Com os néscios, pouco importa ser sábio, e com os loucos, sensato. Deve-se falar a cada um na sua linguagem: não é néscio aquele que simula a necedade, senão o que padece dela. Isso é simplicidade, mas não duplamente, pois até aqui usa-se o artifício. Para ser bem-quisto, o único meio é vestir-se da pele da mais simples das bestas.

CCXLI

Suportar as piadas, mas não usá-las. Aguentar uma burla é uma espécie de galanteria, mas utilizá-la, de exposição. Aquele que, numa festa, se descontrola, tem muito de uma besta, e acaba demonstrando até mais do que realmente possui de comum com as feras. A zombaria atrevida é gostosa; saber suportá-la prova capacidade. Aquele que aguilhoa dá ocasião para ser aguilhoado de volta. As maiores verdades sempre nasceram das burlas. Não há coisa que exija mais atenção e destreza. Antes de começar, deve-se saber até que ponto o gênio do sujeito suportará.

CCXLII

Prosseguir até alcançar. Alguns põem tudo no começar, e nada terminam; intentam, mas não prosseguem: instabilidade de gênio. Nunca conseguem reconhecimento, porque em nada prosseguem; tudo para quando param. Em outros, isso é bem fruto da impaciência de espírito, defeito dos espanhóis, assim como a paciência é uma vantagem dos belgas. Esses acabam as coisas, aqueles acabam com elas. Esses suam até vencer a dificuldade, e contentam-se com o vencer. Aqueles não sabem levar a vitória a cabo: provam que podem, mas não querem. Mas isso sempre é um defeito, surgindo ou da impossibilidade ou da leviandade. Se a obra é boa, por que não a terminar? E se é má, por que a começou? Que o sagaz mate, portanto, a caça: não desista completamente ao vê-la se levantar.

CCXLIII

Não ser totalmente columbino. Alterna-se a calidez da serpente com a candidez da pomba. Não há coisa mais fácil do que enganar um homem de bem. Aquele que nunca mente crê muito, e confia muito aquele que não engana. Ser néscio nem sempre é razão de ser enganado, mas talvez ser bom. Há dois gêneros de pessoas que se previnem muito dos danos: os escaldados, muito à sua própria custa, e os astutos, muito à custa alheia. Que a sagacidade se mostre tão versada no receio quanto a astúcia no engano, e que não se deseje ser tão homem de bem que dê ocasião para o outro ser de mal: seja um misto de pomba e serpente; não um monstro, mas um prodígio.

CCXLIV

Saber criar obrigações nos outros. Alguns transformam o favor recebido numa mercê dada, e parece, ou dão a entender, que concedem uma graça quando, na verdade, recebem. Há homens tão astutos que honram pedindo e trocam o seu próprio proveito por uma honra conferida a outro; de tal sorte, colocam as coisas para que pareça que os outros cumprem uma obrigação quando lhes dão algo, invertendo com uma política extravagante a ordem da obrigação. Pelo menos, põe em dúvida quem está fazendo favor a quem: compram o melhor a preço de bajulações, e ao mostrar gosto por uma coisa fazem honra e lisonja; empregam a cortesia, criando uma dívida do que havia de ser o seu agradecimento. Desse modo, trocam a obrigação da voz passiva para a ativa, mostrando serem melhores em política do que em gramática. Essa é uma grande sutileza, mas uma sutileza maior seria compreendê-la, destrocando essa necedade, devolvendo-lhes a sua honra e cobrando cada um o que lhe é devido.

CCXLV

Raciocinar algumas vezes de forma única e fora do comum: isso demonstra capacidades superiores. Não se deve estimar quem nunca lhe opõe, pois não é sinal do amor que tem por você, senão daquele que ele tem por si mesmo; não se deixe enganar pela lisonja retribuindo-a, mas condene-a. Também tenha por crédito ser o alvo da fofoca de alguns, principalmente daqueles que falam mal de todos os bons. Se suas obras agradarem a todos, seja isso um pesar, pois é sinal de que não são boas, pois o perfeito é para poucos.

CCXLVI

Nunca dar satisfação a quem não lhe pediu. E, ainda que se peça, dar demais é uma espécie de delito. Desculpar-se de antemão é culpar-se, e se sangrar tendo saúde é piscar o olho fazendo sinal para o mal e para a malícia. A desculpa antecipada desperta o receio que dormia. Nem o sensato deve demonstrar que percebeu a suspeita alheia, pois é sair em busca do agravo; então, ele deve procurar desmenti-la com a integridade do seu proceder.

CCXLVII

Saber um pouco mais e viver um pouco menos. Outros argumentam o contrário. Mais vale o bom ócio do que o negócio. Não temos nada que seja nosso senão o tempo, onde vive quem não tem morada. Igual infelicidade é gastar a preciosa vida em tarefas mecânicas em vez de na abundância das sublimes. Não se deve se sobrecarregar de ocupações, nem de inveja; isso é atropelar a vida e afogar o espírito. Alguns estendem isso ao próprio saber, mas não se vive se não se sabe.

CCXLVIII

Não se deixe levar pelo último. Há homens da última informação, pois a impertinência caminha por extremos. Têm o sentir e o querer de cera: o último sela e apaga os demais. Esses nunca conquistam, porque com a mesma facilidade se perdem; cada um lhes tinge com a sua cor. São ruins como confidentes, meninos a vida inteira; e, assim, com a instabilidade nos juízos e nos afetos, andam sempre flutuando, coxos de vontade e juízo, inclinando-se ora a uma parte e ora a outra.

CCXLIX

Não começar a viver por onde se deve acabar. Alguns tomam o descanso como princípio e deixam a fadiga para o fim; primeiro deve vir o essencial e, depois, se houver espaço, o acessório. Outros querem triunfar antes de pelejar. Alguns começam estudando o que menos importa, e deixam os estudos de crédito e utilidade para quando a vida acaba. Outros nem começaram a construir e já estão se vangloriando. O método é essencial para saber e poder viver.

CCL

Quando se deve raciocinar ao contrário? Quando falam conosco maliciosamente. Com alguns, tudo deve ser levado ao contrário: o "sim" é "não", e o "não" é "sim", o falar mal de uma coisa considera-se como estimá-la, pois, aquela que querem para si, desacreditam para todos. Nem todo elogiar é falar bem, pois alguns, por não elogiar os bons, elogiam assim os maus; e, para aquele que nada é mau, nada será bom.

CCLI

Deve-se buscar os meios humanos como se não houvesse divinos, e os divinos como se não houvesse humanos: regra de um grande mestre[38], não há comentário a ser adicionado.

CCLII

Nem todo seu, nem todo alheio. Ambos são uma tirania vulgar. Quando se quer todo para si, se quer todas as coisas para si. Esses não sabem ceder a menor coisa que seja, nem perder um ponto da sua comodidade. Comprometem-se pouco, fiam-se na sua fortuna, e o seu arrimo costuma falhar. Talvez convenha ser de outros para que os outros sejam dele, e quem tem emprego público há de ser escravo público, ou "renuncie o cargo com a carga", como dirá a velha a Adriano. Outros, pelo contrário, são todos alheios, pois a ignorância sempre caminha pelos extremos, e aqui, infelizes, não têm nem dia nem hora sua, e com tal excesso de alheios é que alguns foram chamados de "o de todos". Isso ocorre até no entendimento, pois sabem de todos e ignoram a si mesmos. Que o cordato entenda que ninguém o busca em si mesmo, senão o seus próprios interesses nele e por ele.

CCLIII

Não ser demasiadamente claro nos conceitos. A maioria não estima o que entende, e o que não percebem, veneram. As coisas, para serem estimadas, devem ter um custo: serão celebradas quando não forem compreendidas totalmente. Um indivíduo sempre se deve mostrar mais sábio e prudente do que requer aquele com quem se tratam as ideias, mas com mais moderação do que excesso. E, se com os entendidos o bom-senso vale muito em tudo, para os demais é necessário elevar-se: não se deve lhes dar abertura para a censura, ocupando-os em entender. Elogiam muito o que, perguntados, não sabem explicar, porque veneram tudo o que é escondido como algo misterioso, e o celebram porque o ouvem sendo celebrado.

CCLIV

Não desprezar o mal por ser pouco, pois ele nunca vem sozinho: eles andam em cadeias, assim como as felicidades. Comumente, a sorte e o azar vão para onde tem mais, e acaba que todos fogem do desafortunado e se aproximam do bem-aventurado.
Até as pombas, com toda a sua ingenuidade,

se apressam para os monumentos mais brancos. A um desafortunado, tudo vem a faltar; lhe falta a razão, o consolo, e até ele mesmo. Não se deve despertar o infortúnio enquanto esse dorme; um deslize é algo pequeno, mas dessa queda fatal segue-se sem saber onde parará, pois assim como nenhum bem foi totalmente cumprido, assim nenhum mal acabou completamente. A paciência é para o infortúnio que vem do Céu; para o que vem do solo, a prudência.

CCLV

Saber fazer o bem: pouco, e muitas vezes. O empenho nunca deve exceder as possibilidades; quem dá muito, não dá, mas vende. Não se deve adiantar a gratidão, pois, quando aquele que faria se vê impossibilitado de cumprir, quebrará a relação. Não precisa de mais nada para perder muitos do que obrigá-los em demasia; por não pagar se afastam, e acabam sendo inimigos, de tão obrigados. O ídolo nunca gostaria de ver diante de si o escultor que o trabalhou, nem o empenhado quer olhar o seu benfeitor no olho. Grande sutileza ao dar algo: que custe pouco e se deseje muito, para que se estime mais.

CCLVI

Andar sempre prevenido: contra os mal-educados, obstinados, orgulhosos e todo gênero de néscios. Encontram-se muitos desses, e a sabedoria está em não se encontrar com eles. Arme-se cada dia de propósitos diante do espelho[39] da sua atenção e, assim, vencerá as investidas da necedade. Reflita e domine a situação, e você não exporá a sua reputação às contingências vulgares; o homem prevenido, de bom-senso, não será derrotado pela impertinência. O andamento do trato humano é difícil, por estar cheio de entraves de descrédito. Desviar-se é o seguro, consultando a astúcia de Ulisses. Vale muito aqui a evasão ardilosa. Sobretudo, entre pela galanteria, pois é o único atalho dos empreendimentos.

CCLVII

Nunca chegar a romper relações, pois a reputação sempre sai no prejuízo. Qualquer um serve para ser inimigo, mas não é assim quanto ao amigo. Poucos podem fazer o bem e, quase todos, o mal. No dia que rompeu com o besouro, a águia não estava segura nem no próprio seio de Júpiter para fazer o seu ninho[40]; pelo assalto do inimigo declarado, os dissimulados abrem fogo, pois estavam à espera da ocasião. Dos amigos perdidos saem os piores inimigos; no seu afinco, culpam os defeitos alheios pelos seus próprios. Dos que estão olhando de fora, cada um fala como sente, e sente como deseja, condenando ambos os lados, ou nos princípios, por falta de providência, ou nos fins, por falta de espera, e sempre, por falta de cordura. Se o desvio for inevitável, que seja desculpável; antes com tibieza de favor do que com violência de furor. E aqui cai bem o que foi dito sobre uma bela retirada.

CCLVIII

Buscar quem lhe ajude a carregar as infelicidades. Você nunca estará sozinho, muito menos nas situações arriscadas, pois isso seria se sobrecarregar com todo o ódio. Alguns pensam se destacar assumindo toda a responsabilidade, e se destacam com toda a reclamação. Dessa sorte, tenha quem lhe livre ou quem lhe ajude a suportar o mal. Nem a fortuna nem a vulgaridade se atrevem tão facilmente contra dois, e é até por isso que o médico sagaz, uma vez que errou a cura, não erra em buscar alguém, a título de consulta, que o ajude a levar o caixão; que o peso e o pesar sejam repartidos, pois a desgraça a sós é duplamente intolerável.

CCLIX

Prevenir as injúrias e fazer delas favores. É mais sagaz evitá-las do que vingá-las. É uma grande destreza transformar um rival num confidente, e converter em proteções à sua reputação aqueles que lhe ameaçavam tiros. Saber criar obrigações nas pessoas vale muito; ocupa o tempo com agradecimentos ao invés de agravos. E é saber viver converter em prazeres o que havia de ser pesares. Faça-se da própria malevolência uma confidência.

CCLX

Você nem será totalmente de ninguém nem terá alguém como totalmente seu. Nem os laços de sangue, nem a amizade, nem a obrigação mais firme, são suficientes para isso, pois há uma grande diferença entre abrir o peito e entregar a vontade. Até a maior união admite exceção; nem por isso se ofendem as leis da cortesia. O amigo sempre reserva algum segredo para si, e o próprio filho oculta algo do seu pai; há algumas coisas que não são reveladas a alguns que são comunicadas a outros, e vice-versa. E distinguindo os limites dos relacionamentos, acaba-se concedendo tudo o que se deve e negando tudo que não é devido.

CCLXI

Não prosseguir na estupidez. Alguns fazem do erro um objetivo e, porque começaram errando, lhes parece que prosseguir assim é uma questão de constância. No foro interno, eles acusam o seu erro e, no externo, o desculpam, de modo que, se quando começaram a necedade foram vistos como inadvertidos, ao prosseguir nela são confirmados como néscios. Nem a promessa inconsiderada, nem a resolução errada, implicam obrigação. Dessa sorte, alguns continuam na sua primeira grosseria, e levam adiante a sua tolice: querem ser constantes impertinentes.

CCLXII

Saber esquecer: é mais uma questão de sorte do que de arte. As coisas que mais precisam ser esquecidas são as mais acordadas; a memória não é vilã só ao falhar quando mais se precisa, mas também é néscia para socorrer quando não convém: no que há de causar pesar é prolixa, e no que havia de dar gosto é descuidada. Às vezes, o remédio do mal consiste em esquecê-lo, mas esquece-se o remédio; convém, portanto, treiná-la em bons costumes, porque ela basta ou para dar felicidade ou para fazer um inferno. Excetuam-se os contentes, que no estado de inocência gozam da sua simples felicidade.

CCLXIII

Muitas coisas de bom gosto não serão possuídas como propriedade pessoal. Mais se desfruta delas quando alheias do que quando próprias; no primeiro dia são boas para os seus donos, nos demais, para os estranhos. Goza-se das coisas alheias com uma fruição dobrada, isto é, sem o risco de dano e com gosto da novidade. A privação conhece tudo de melhor, até a água alheia passa por néctar. Ter as coisas, além de diminuir a fruição, aumenta o enfado, tanto ao emprestá-las quanto ao não emprestá-las. Elas não servem senão para mantê-las para outros, e são mais os inimigos que cobram do que os agradecidos.

CCLXIV

Não tenha dias de descuido. A sorte gosta de pregar uma peça, e atropelará todas as contingências para passar despercebida. O engenho, a cordura e o valor, e até a beleza, devem estar sempre à prova, porque o dia da sua confiança será o dia do seu descrédito. Quando o cuidado foi mais necessário, ele sempre faltou, pois o não pensar é a rasteira do perecer. Pegar as perfeições no descuido para um rigoroso exame do apreço costuma ser o estratagema da atenção alheia. Já se sabe os dias nos quais se estará em evidência, e a astúcia os redime, mas o dia que menos se esperava, esse é escolhido para a prova do valor de uma pessoa.

CCLXV

Saber como empregar os seus subordinados. Um emprego na ocasião certa transformou muitos em pessoas de verdade, assim como bons nadadores são despertados quando estão quase se afogando. Dessa maneira, muitos descobriram o valor, e até o saber, pois teriam caído mortos no seu desânimo se não fosse oferecida uma oportunidade. Os apertos são lances da reputação, e, tendo o nobre a sua honra em jogo, trabalha por mil. A rainha Isabela, a Católica, soube com excelência essa lição do emprego oportuno, e a esse favor político o Grande Capitão deve o seu renome, e muitos outros, a sua eterna fama: grandes homens foram feitos com essa sutileza.

CCLXVI

Não ser mal de tão bom. Esse é aquele que nunca fica com nojo; os insensíveis têm pouca humanidade. Isso não nasce sempre da indolência, senão da incapacidade. Um sentimento na sua ocasião correta é um ato de uma pessoa humana. Logo se enganam as aves com os espantalhos. Alternar o azedo e o doce é uma prova de bom gosto; a doçura somente é para crianças e néscios. É um grande mal perder-se de tão bom, nesse sentido de insensibilidade.

CCLXVII

Palavras de seda, com suavidade de compostura. As flechas atravessam o corpo, mas as palavras más, a alma. Uma boa pasta faz a boca cheirar bem. Saber vender o ar é uma grande sutileza da vida. A maioria das coisas se paga com palavras, e elas são suficientes para destravar uma impossibilidade; negocia-se no ar com o ar, e alenta muito o alento do rei. Sempre se deve ter a boca cheia de açúcar para confeitar as palavras, pois assim elas descem bem até para os próprios inimigos. O único remédio para ser amável é ser manso.

CCLXVIII

O sábio faz primeiro o que o néscio faz no final. Tanto um quanto o outro fazem o mesmo; a única diferença é o tempo, aquele no momento certo e esse não. Aquele que no princípio se calçou num entendimento invertido, prossegue desse modo em todo o restante; leva entre os pés o que deveria pôr sobre a sua cabeça, faz da direita, esquerda, e assim é canhoto em todo o seu proceder; só há um jeito certo para fazer as coisas direito. Fazem pela força o que poderiam fazer de bom grado, mas o discreto logo vê o que deve fazer antes e depois, e o executa com gosto e com boa reputação.

CCLXIX

Utilize a sua novidade: pois enquanto for novo, será estimado. A novidade agrada universalmente pela sua variedade; refresca-se o gosto e estima-se mais uma mediocridade recente do que uma relevância habitual. As eminências se desgastam e vêm a envelhecer; e advirta-se que durará pouco essa glória da novidade: quatro dias depois já perderam o respeito. Saiba, portanto, valer-se dessas primícias da estima, e retire desse agrado fugaz tudo o que pretendia ter; porque, se passar o calor do recente, esfriar-se-á a paixão, e o agrado do novo será trocado pelo enfado do costume. E creia que tudo também teve a sua vez, e que passou.

CCLXX

Não condenar sozinho o que a muitos agrada. Há algo de bom, pois satisfaz muitos e, ainda que não se consiga explicar, se desfruta. A singularidade sempre é abominável, e quando errônea, ridícula. O seu mal conceito será desacreditado antes que o objeto em si; você ficará sozinho com o seu mal gosto. Se não sabe encontrar o que é bom, dissimule a sua estupidez e não condene a esmo, pois o mal gosto ordinariamente nasce da ignorância. O que todos dizem, ou é, ou quer ser.

CCLXXI

Aquele que sabe pouco apegue-se sempre ao mais seguro de toda profissão, pois, ainda que não lhe tenham como afiado no seu ofício, lhe terão como fundamental. Aquele que sabe pode empenhar-se e trabalhar pela criatividade, mas saber pouco e arriscar-se é um precipício voluntário; mantenha-se sempre como o braço direito de quem sabe, pois quem já está sentado e estabelecido não pode cair. No pouco saber, continue no caminho daquilo que é real; e de acordo com todas as leis, tanto do conhecimento quanto da ignorância, a seguridade é mais sábia do que a singularidade.

CCLXXII

Vender as coisas a preço de cortesia, pois é criar mais obrigações. O pedido do interessado nunca se comparará ao dar do generoso obrigado. A cortesia não dá, mas empenha, e a galanteria é a maior obrigação. Não há coisa mais cara para o homem de bem do que a que lhe é dada; é vendê-la duas vezes e a dois preços: o do valor e o da cortesia. A verdade é que a galanteria, para o homem mau, é um idioma desconhecido, porque não entende os termos dos bons termos.

CCLXXIII

Compreender os gênios com os quais se trata: para conhecer os intentos. Conhecida bem a causa, se conhece o efeito, o qual estava antes nela e depois no seu motivo. O melancólico sempre agoura infelicidades, e o maldizente, culpas; em tudo eles veem o pior, e, não percebendo o bem que existe, anunciam o mal possível. Quem é controlado pelas paixões sempre fala com outro numa linguagem diferente da realidade das coisas: a paixão fala por ele, não a razão; e cada um segundo o seu afeto ou o seu humor, e todos muito longe da verdade. Saiba decifrar um semblante e ler a alma através dos sinais que ela dá; reconheça o que sempre ri como falto e o que nunca ri como falso; recate-se diante do perguntador, que questiona ou por tagarelice ou por sondagem; espero pouco bem de um gesto ruim, pois esses costumam se vingar da natureza, e assim como ela pouco os honrou, eles pouco a honram. A necedade costuma ser proporcional à formosura.

CCLXXIV

Ser atrativo: pois é um feitiço politicamente cortês. Que a sedução galante sirva mais para atrair as vontades do que as utilidades, ou para tudo; os méritos não bastam se não se valem do agrado, que é o que dá aprovação, o instrumento mais prático do soberano. Ter o ar da graça é sorte, mas isso é socorrido pelo artifício, pois onde há um grande natural o artificial se assenta melhor; daqui se origina a pia simpatia, até conquistar a graça universal.

CCLXXV

De acordo com a corrente, mas não indecente. Não esteja sempre fazendo pose e causando enfado; este é um ramo da galanteria: o decoro deve ceder em algo para ganhar a simpatia comum. Algumas vezes se pode passar por onde passam os demais, mas sem indecência, pois quem é tido por néscio em público não será tido por sábio em secreto. Mais se perde num dia descontraído do que se ganhou com toda a seriedade; mas não se deve ser sempre a exceção: ser singular é condenar os outros. Muito menos se deve simular o melindre: deixe-o para o devido sexo; até nos espirituais isso é ridículo. O melhor de um homem é parecer homem, pois a mulher pode fingir o varonil com perfeição, mas não o contrário.

CCLXXVI

Saber renovar o gênio com a natureza e com a arte. Dizem que a nossa condição muda de sete em sete anos: que seja para melhorar e realçar o gosto. Nos primeiros sete anos entra a razão: que entre depois, a cada lustro, uma nova perfeição. Observe essa variação natural para ajudá-la e esperar também a melhoria de outros indivíduos. É daqui que muitos mudaram de porte, ou com a posição ou com a ocupação, e às vezes não se observa até que se veja o tamanho da mudança. Aos vinte anos, será um pavão; aos trinta, um leão; aos quarenta, um camelo; aos cinquenta, uma serpente; aos sessenta, um cachorro; aos setenta, um macaco; e aos oitenta, nada.

CCLXXVII

Um homem que sabe se apresentar. Esse é o brilho dos talentos. Há um momento para cada um: agarre-o, pois nem todos os dias serão de triunfo. Há indivíduos excepcionais em quem o pouco reluz muito, e o muito brilha até causar admiração. Quando a apresentação se junta com a eminência, passa por prodígio. Há nações ostentosas, e assim é a Espanha, e com superioridade. A luz foi o primeiro brilho de toda a criação. O mostrar satisfaz muito, supre muito, e dá a tudo um segundo ser, ainda mais quando a realidade o confirma. O céu, quem dá a perfeição, prevê a ostentação, pois qualquer uma das duas sozinha estaria fora do seu estado natural: é mister arte na apresentação. Até aquilo que é muito excelente depende de circunstâncias e nem sempre tem a vez. A apresentação saiu mal quando faltou o seu momento certo. Nenhum realce pede ser menos afetado e perece sempre desse desaire, porque está muito próximo da vaidade, e essa, do desprezo. A apresentação deve ser muito moderada, para que não acabe em algo vulgar, e, com os sábios, a sua demasia é um pouco desacreditada. Às vezes consiste mais numa eloquência muda, num mostrar a perfeição descuidadamente, pois a dissimulação sábia é o alarde mais louvável, porque essa mesma privação toca a curiosidade no ponto mais sensível. Será uma grande destreza sua não revelar toda a perfeição de uma vez, mas ir pintando-a aos poucos e sempre seguindo adiante para a próxima parte. Que uma proeminência seja um empenho de outra maior, e o aplauso da primeira seja uma nova expectativa dos demais.

CCLXXVIII

Fugir da observação em tudo: pois, ao serem notadas, as próprias qualidades serão defeitos. Isso nasce da singularidade, que sempre foi censurada; o singular acaba sozinho. Até o que é belo, caso se sobressaia muito, é motivo de descrédito; ao causar reparo, ofende, e muito mais as singularidades desaprovadas. Mas pelos próprios vícios alguns querem ser conhecidos, buscando a novidade na ruindade, para conseguir uma fama tão infame. Até no entendido o que é demasiado degenera numa loquacidade impertinente.

CCLXXIX

Não responder quando é contradito. É necessário diferenciar quando a contradição procede de astúcia ou de vulgaridade. Nem sempre é contenda, pois talvez seja artifício. Atenção, portanto, para não se empenhar numa nem se deixar levar pelo outro. Não há cuidado mais bem-sucedido do que com os espias, e contra a gazua dos ânimos não há melhor desbarato do que deixar a chave do recato por dentro.

CCLXXX

O homem de lei. O bom proceder está acabado no mundo; as obrigações andam desmentidas; há poucos relacionamentos bons: ao melhor serviço é dado o pior galardão, e essa já é a prática em todos os lugares. Há nações inteiras inclinadas ao mau trato: dumas sempre se teme a traição, doutras a inconstância e das demais o engano. Que a má correspondência alheia, portanto, sirva não para a imitação, senão para a cautela. A visão dum mal procedimento cria o risco de desarranjar a integridade. Mas o homem de lei nunca se esquece de quem é pelo que os outros são.

CCLXXXI

Ter a graça dos entendidos. O tíbio "sim" de um homem de valor singular é mais estimado do que todo o aplauso comum, porque os arrotos das margens não trazem alento. Os sábios falam com o entendimento e, assim, o seu elogio causa uma satisfação imortal. O judicioso Antígono Gónatas reduziu toda a plateia do seu teatro somente a Zenão, e Platão dizia que toda a sua escola era apenas Aristóteles. Alguns estão preocupados apenas em encher o estômago, mesmo que seja de mato vulgar. Até os soberanos precisam daqueles que escrevem, e temem mais as suas penas do que as feias temem os pincéis.

CCLXXXII

Utilizar a ausência, ou para o respeito ou para a estima. Se a presença diminui a fama, a ausência aumenta. O que o ausente foi tido como um leão, o presente como um rato, a ridícula prole dos montes[41]. Os talentos, quando muito manuseados, perdem o brilho, porque antes se vê a casca do exterior do que a grande substância do espírito. A imaginação se antecipa à vista, e o engano, que ordinariamente entra pelo ouvido, vem a sair pelos olhos. O que se conserva distante, no centro do seu renome, conserva a reputação, pois até a Fênix se vale do retiro para o decoro e do desejo para o apreço.

CCLXXXIII

Homem de sábias invenções. Isso demonstra um grande engenho, mas, como será isso sem uma pitada de loucura? A invenção é dos engenhosos; as boas escolhas, dos prudentes. É também dos agraciados, e mais rara, porque escolher bem muitos conseguiram; o inventar bem, no entanto, poucos conseguiram, e foram os primeiros em excelência e na história. A novidade é lisonjeira e, se feliz, dá um duplo destaque ao que é bom. Nos assuntos do juízo, ela é perigosa por ser contraditória ao que se tem por certo; nas questões do engenho, louvável; e, se acertada, aclamada em ambos os casos.

CCLXXXIV

Não seja intrometido: e não será maculado. Estime se quiser que o estimem. Seja antes avaro do que pródigo de si mesmo, gastando a sua presença desnecessariamente. Chegue quando desejado e será bem recebido. Nunca venha se não for chamado, nem vá se não enviado. Aquele que se empenha por si mesmo, quando se sai mal, recebe todo o ódio sobre si, e, quando se sai bem, não consegue o agradecimento. O intrometido é terreno de descarte de desprezos, e, exatamente porque se introduzem sem vergonha, são descartados em confusão.

CCLXXXV

Não perecer pelo infortúnio alheio. Reconheça aquele que está no lodo, e note que ele reivindicará que você o console partilhando do seu mal. Eles buscam quem lhes ajude a carregar o infortúnio, e os que na prosperidade lhe davam as costas, agora lhe dão a mão. É preciso um grande tato com os que se afogam, para acudir em socorro sem correr perigo.

CCLXXXVI

Não se colocar totalmente sob obrigação, nem para todos indistintamente, pois seria ser escravo, e escravo comum. Uns nasceram mais afortunados que outros: aqueles para fazer o bem e esses para recebê-lo. A liberdade é mais preciosa do que a dádiva, porque por essa se perde aquela. Goste mais que muitos dependam de você do que você depender de um só. A autoridade não tem outra comodidade senão o poder de fazer mais o bem. Sobretudo, não tenha como um favor a obrigação na qual você se mete, e na maioria das vezes a astúcia alheia se diligenciará em fazer isso para o dominar.

CCLXXXVII

Nunca agir sob as paixões: você errará tudo. Não aja por si aquele que não está em si, e a paixão sempre desterra a razão. Introduza então um terceiro prudente, que assim será se não estiver sendo regido pelas paixões. Os que observam na plateia sempre veem mais do que os que jogam, porque não se apaixonam. Ao reconhecer que você está alterado, que a cordura dê o toque de retirada, para que o sangue não ferva e você não faça tudo de forma sangrenta, pois num momento você dará assunto para muitos dias de confusão própria e murmuração alheia.

CCLXXXVIII

Viver de acordo com a ocasião. O governar, o discorrer, tudo deve ser conforme o caso. Querer quando se pode, pois a estação e o tempo não esperam ninguém. Não viva por generalidades, a não ser em favor da virtude, nem aplique leis precisas no querer, pois haverá de beber amanhã da água que desprezou hoje. Há alguns que são impertinentes, de forma tão contraditória, que pretendem que todas as circunstâncias do acerto se ajustem à sua mania, e não ao contrário. Mas o sábio sabe que o norte da prudência consiste em portar-se de acordo com a ocasião.

CCLXXXIX

A maior mácula de um homem: é dar amostras de que é homem; deixam de o ter por divino no dia em que o veem muito humano. A leviandade é a maior contrariedade da reputação. Assim como o varão recatado é tido como mais que homem, assim o leviano, como menos que homem. Não há vício que traga mais descrédito, porque a leviandade se opõe frente a frente com a gravidade. Um homem leviano não pode ter substância, e ainda mais se for ancião, quando a idade o obriga à sabedoria. E embora essa mácula seja tão difundida, isso não remove o singular descrédito.

CCXC

[Não[42]] é felicidade unir o apreço ao afeto. Não ser muito amado, para conservar o respeito. O amor é mais atrevido do que o ódio; a fixação e a veneração não se juntam bem. E ainda que um indivíduo não deva ser nem muito temido nem muito querido, o amor introduz a familiaridade, e, ao passo que essa entra, sai a estima. Seja amado antes com o apreço do que com o afeto, pois assim é o amor por grandes pessoas.

CCXCI

Saber testar e sondar outras pessoas. Que a atenção do judicioso concorra com a reticência do recatado. Requer-se um grande juízo próprio para medir o alheio. É mais importante conhecer os gênios e as propriedades das pessoas do que as das ervas e das pedras. Essa é uma das ações mais sutis da vida; pelo sonido se conhecem os metais e, pelo falar, as pessoas. As palavras mostram a integridade, mas as obras muito mais. Aqui é mister o reparo extravagante, a profunda observação, a percepção sutil e crivo judicioso.

CCXCII

Que o seu talento natural vença as obrigações do seu emprego: e não ao contrário. Por maior que seja o posto, deve-se mostrar que a pessoa é maior. Uma riqueza de capacidades com folga vai se dilatando e ostentando cada vez mais ao ser empregada.

Aquele que tem o coração estreito facilmente será tomado e, no final, será quebrado pela obrigação e reputação. O grande Augusto se valorizava por ser maior homem do que príncipe. Aqui vale a magnanimidade de espírito, e até se aproveita a sábia confiança em si mesmo.

CCXCIII

Sobre a maturidade. Ela resplandece no seu exterior, mas mais ainda nos modos. A gravidade material faz o ouro precioso, e a moral, a pessoa; é o decoro dos talentos, causando veneração. A compostura do homem é a fachada da alma. Ela não é uma necedade com poucos meneios, como a superficialidade pensa, senão uma autoridade mui sossegada; fala por sentenças, opera com acertos. Pressupõe um homem muito completo, porque tanto tem de pessoa quanto tem de maturidade; ao deixar de ser menino, começa a ser grave e ter crédito.

CCXCIV

Temperança na formulação de opiniões. Cada um forma os conceitos segundo a sua conveniência, e traz uma abundância de razões para as suas compreensões. Na maioria, o ditame cede ao afeto. Acontece de encontrarmos os dois em contradição, e cada um presume, de sua parte, estar com a razão; mas essa, fiel, nunca soube ser duas caras. Que o sábio proceda com reflexão num ponto tão delicado e, assim, o receio de si reformará a sua visão do procedimento alheio. Talvez se coloque no lugar da outra parte; examine os motivos pela visão contrária; com isso, você nem a condenará, nem se justificará a si mesmo de forma tão ofuscada.

CCXCV

Não seja façanheiro, mas façanhoso. Fazem muito caso dos que muito fazem aqueles que menos têm motivos para quê. Sem ter porquê, fazem mistério de tudo, camaleões do aplauso, deixando todos fartos de riso. A vaidade sempre foi enfadonha: aqui ela é risível. As formiguinhas da honra andam mendigando façanhas. Force menos as suas maiores qualidades. Contente-se em fazer e deixe o falar para os outros. Dê as façanhas, não as venda. Nem se deve alugar penas de ouro para escrever refugo, para o asco da cordura. Aspire antes a ser heroico do que a somente parecê-lo.

CCXCVI

Homem de talentos, e talentos majestosos. Os maiores fazem os maiores homens; um só equivale a toda uma pluralidade medíocre. Houve um[43] que gostava que todas as suas coisas fossem grandes, até as joias usuais: quanto melhor for o grande homem, mais deve buscar que os talentos sejam as verdadeiras joias do seu espírito. Em Deus, tudo é infinito, tudo é imenso; assim, num herói, tudo deve ser grande e majestoso, de sorte que todas as suas ações, e até razões, caminhem revestidas de uma majestade transcendente e grandiosa.

CCXCVII

Agir sempre como se estivesse sendo visto. Aquele que vê que o veem ou que o verão é um homem de visão. Ele sabe que as paredes têm ouvidos, e que o que é malfeito uma hora eclode. Até quando está sozinho, age como à vista de todo o mundo, porque sabe que tudo virá à tona; já vê como testemunhas agora aqueles que serão depois pelas notícias. Aquele que desejava que todo o mundo o visse não ficava intimidado com o que as casas alheias podiam verificar na sua própria.

CCXCVIII

Três coisas fazem um prodígio, e são o maior dom da suma liberalidade: um engenho fecundo, um juízo profundo e um gosto relevantemente agradável. Conceber bem é uma grande vantagem, mas maior é discorrer bem, o entendimento do bom homem. O engenho não deve ter uma dura cerviz, pois seria mais trabalhoso de que perspicaz. Pensar bem é o fruto da racionalidade. Aos vinte anos, reina a vontade, aos trinta, o engenho, e aos quarenta, o juízo. Há compreensões que têm luz própria, como os olhos do lince, e raciocinam mais na escuridão maior. Há outros que pensam na ocasião, pois sempre topam com o mais oportuno: ocorrem-lhes muitas coisas boas — felicíssima fecundidade. Mas um bom gosto tempera toda a vida.

CCXCIX

Deixar com fome. Deve-se interromper o néctar ainda nos lábios. O desejo é a medida da estima. Até na sede material o truque do bom gosto é excitá-la, mas não saciá-la; o bom, quando pouco, é duas vezes bom. A segunda vez nunca é tão boa. A fartura de agrado é perigosa, pois geram desprezo à qualidade mais eterna. Esta é a única regra do agradar: capturar o apetite excitado com a fome que ficou. Caso deva se irritar, seja antes pela impaciência do desejo do que pelo enfado da fruição: a felicidade custosa é duplamente gostosa.

CCC

Resumindo, ser santo, pois é dizer tudo de uma só vez. É a virtude que encadeia todas as perfeições; é o centro das felicidades. Ela faz um sujeito prudente, atento, sagaz, cordo, sábio, valoroso, comedido, íntegro, feliz, louvável, verdadeiro e herói universal. Três "esses" fazem um homem ditoso: santo, são e sábio. A virtude é o sol do pequeno mundo do homem e tem por hemisfério a boa consciência. É tão formosa que ganha a graça de Deus e das gentes. Não há coisa amável senão a virtude, nem abominável senão o vício. Só a virtude é algo verdadeiro; o restante são burlas. A capacidade e a grandeza devem ser medidas pela virtude, não pela fortuna. Só ela se basta a si mesma. Estando vivo o homem, ela o faz amável; e morto, memorável.

Notas

1. A primeira edição desta obra não continha a numeração dos aforismos, nem a primeira frase em itálico. É fato também que não havia explicações para os ditos proverbiais, os quais intencionalmente carregam a sua dificuldade léxica e conceitual, e a sua aparente ambiguidade. Buscou-se construir sim, na tradução, a ponte entre o autor barroco espanhol e o leitor brasileiro contemporâneo, não apenas aproximando aquele desse, mas também preservando o estilo sapiencial do texto, para que esse, na sua meditação, também consiga ir ao encontro daquele que aqui o ensina a Arte da Prudência [N.T.].

2. Provável referência aos sete sábios da Grécia [N.T.].

3. Os termos originais são "*genio*" e "*ingenio*", e são centrais ao pensamento do autor, frequentemente aparecendo emparelhados. "*Genio*" se refere a "disposição", "temperamento", "ânimo", "caráter", "aptidão"; e "*ingenio*" permanece para "inventividade", "engenhosidade" e quiçá "perspicácia" [N.T.].

4. Ou "posição social, ocupação, habitação e relacionamentos" [N.T.].

5. Marcial, Epigramas, Livro VII, XXIV: "Os homens moldam imagens em ouro ou pedra / Não são deuses; é a adoração que lhes dá santidade" [N.T.].

6. "Gosto" no sentido da capacidade de discriminar o bom do ruim, de fazer boas escolhas. Para Gracián, o ético e o estético são os dois lados da mesma moeda, portanto, o "gosto" também revela o caráter moral [N.T.].

7. Plutarco, *Lucullus*, XXI, 4-5 [N.T.].

8. César cobriu a sua calvície com louros. Suetônio, *Vida dos Doze Césares*, XLV [N.T.].

9. No de sentido de "sábio" e não de "compreendido" [N.T.].

10. "Fortuna" no sentido de "sorte", "porção" ou "alcance da felicidade e da bem-aventurança", e "ter em mãos" significando "tatear", "ter como algo palpável" ou "algo bem definido e certo" [N.T.].

11. "Quer ser amado, ame." Sêneca citando Hecato de Rodes, *Cartas*, 9.6 [N.T.].

12. Referência à escrita [N.T.].

13. *"de la hoja a las hojas"* – [N.T.].

14. Pensamentos profundos, eternos, permanentes [N.T.].

15. Do lema latino de Augusto: "FESTINA LENTE" [N.T.].

16. Ou "oportunidade" [N.T.].

17. Original: *"repentes"* [N.T.].

18. Gonzalo Fernández de Córdoba (1453-1515), o Grande Capitão [N.T.].

19. "Suma justiça, suma injustiça"; *"Summum ius, summa iniuria"*; Cícero, *De Officiis*, I, 10, 33 [N.T.].

20. Os linces são famosos pela capacidade da sua visão, e as sépias são moluscos capazes não só de mudar de cor, mas também de lançar tinta na água para fugir e se esconder [N.T.].

21. Credita, imputa [N.T.].

22. Ou "minuciosidade" [N.T.].

23. O original diz "não ser livro verde", que se refere a um manuscrito de Aragão do início do século XVI que contém as genealogias das famílias aragonesas que tiveram antepassados conversos ao cristianismo [N.T.].

24. Marcial, *Epigramas*, Livro VIII, 79 [N.T.].

25. Ser o sucessor de grandes homens nos cargos que eles deixaram vagos [N.T.].

26. Visto que as paixões, especialmente a ira, ao correrem desenfreadas, cegam a razão, sempre houve ditos, como esse ao qual o autor faz referência, que ilustraram as paixões como um cavalo e a razão sentada na sela. Evitando o extremo do cavalo desenfreado, alguns sábios buscaram o outro de apear completamente das paixões, andando a pé e não a cavalo. O nosso autor tenta trazer a questão a um meio equilibrado, refletindo a ideia de que as paixões são humanas e existem para o correto uso da razão, exatamente quando essa já cumpriu o seu papel de decidir e pode deixar a força da paixão impulsioná-la na direção já escolhida pela prudência. Se a direção já foi ponderada e acertada previamente, pode-se deixar o cavalo correr, sem nem soltar as rédeas nem ir a pé. O sábio pode estar a cavalo [N.T.].

27. As três qualidades de uma boa amizade: honra, deleite e utilidade. Veja Gracián, *El Criticón*, II, 2 [N.T.].

28. Pedro IV de Aragão, o Cerimonioso [N.T.].

29. Juvenal, *Sátira VI*, 610–612 [N.T.].

30. Na sequência: Gonzalo Fernández de Córdoba, Cícero, Sêneca e o Rei Fernando de Aragão, o Católico [N.T.].

31. Ou "Magno" [N.T.].

32. Ou "caneta" [N.T.].

33. Sinônimo de "cultura" [N.T.].

34. Cf. nota 27 [N.T.].

35. Ou "sofrer", e assim no restante do aforismo [N.T.].

36. Principalmente no sentido de "tristeza" [N.T.].

37. Referência à fábula de Esopo sobre a raposa e as uvas [N.T.].

38. Santo Inácio de Loiola, fundador da Companhia de Jesus [N.T.].

39. Símbolo da prudência [N.T.].

40. Esopo, *A Águia e o Besouro* [N.T.].

41. *parturient montes, nascetur ridiculus mus:* "Os montes parirão, nascerá um rato ridículo", Horácio, *Ars poetica* (A Arte da Poesia), 139 [N.T.].

42. Os estudiosos de Gracián conjecturam que, na primeira edição da obra, essa frase estava na negativa e, do contrário, ela fica contraditória ao sentido do aforismo [N.T.].

43. Provavelmente Felipe II da Espanha [N.T.].

Vozes de Bolso

- *Assim falava Zaratustra* – Friedrich Nietzsche
- *O Príncipe* – Nicolau Maquiavel
- *Confissões* – Santo Agostinho
- *Brasil: nunca mais* – Mitra Arquidiocesana de São Paulo
- *A arte da guerra* – Sun Tzu
- *O conceito de angústia* – Søren Aabye Kierkegaard
- *Manifesto do Partido Comunista* – Friedrich Engels e Karl Marx
- *Imitação de Cristo* – Tomás de Kempis
- *O homem à procura de si mesmo* – Rollo May
- *O existencialismo é um humanismo* – Jean-Paul Sartre
- *Além do bem e do mal* – Friedrich Nietzsche
- *O abolicionismo* – Joaquim Nabuco
- *Filoteia* – São Francisco de Sales
- *Jesus Cristo Libertador* – Leonardo Boff
- *A Cidade de Deus – Parte I* – Santo Agostinho
- *A Cidade de Deus – Parte II* – Santo Agostinho
- *O conceito de ironia constantemente referido a Sócrates* – Søren Aabye Kierkegaard
- *Tratado sobre a clemência* – Sêneca
- *O ente e a essência* – Santo Tomás de Aquino
- *Sobre a potencialidade da alma* – De quantitate animae – Santo Agostinho
- *Sobre a vida feliz* – Santo Agostinho
- *Contra os acadêmicos* – Santo Agostinho
- *A Cidade do Sol* – Tommaso Campanella
- *Crepúsculo dos ídolos ou Como se filosofa com o martelo* – Friedrich Nietzsche
- *A essência da filosofia* – Wilhelm Dilthey
- *Elogio da loucura* – Erasmo de Roterdã
- *Utopia* – Thomas Morus
- *Do contrato social* – Jean-Jacques Rousseau
- *Discurso sobre a economia política* – Jean-Jacques Rousseau
- *Vontade de potência* – Friedrich Nietzsche
- *A genealogia da moral* – Friedrich Nietzsche
- *O banquete* – Platão
- *Os pensadores originários* – Anaximandro, Parmênides, Heráclito
- *A arte de ter razão* – Arthur Schopenhauer
- *Discurso sobre o método* – René Descartes
- *Que é isto – A filosofia?* – Martin Heidegger
- *Identidade e diferença* – Martin Heidegger
- *Sobre a mentira* – Santo Agostinho
- *Da arte da guerra* – Nicolau Maquiavel
- *Os direitos do homem* – Thomas Paine
- *Sobre a liberdade* – John Stuart Mill
- *Defensor menor* – Marsílio de Pádua

- *Tratado sobre o regime e o governo da cidade de Florença* – J. Savonarola
- *Primeiros princípios metafísicos da Doutrina do Direito* – Immanuel Kant
- *Carta sobre a tolerância* – John Locke
- *A desobediência civil* – Henry David Thoureau
- *A ideologia alemã* – Karl Marx e Friedrich Engels
- *O conspirador* – Nicolau Maquiavel
- *Discurso de metafísica* – Gottfried Wilhelm Leibniz
- *Segundo tratado sobre o governo civil e outros escritos* – John Locke
- *Miséria da filosofia* – Karl Marx
- *Escritos seletos* – Martinho Lutero
- *Escritos seletos* – João Calvino
- *Que é a literatura?* – Jean-Paul Sartre
- *Dos delitos e das penas* – Cesare Beccaria
- *O anticristo* – Friedrich Nietzsche
- *À paz perpétua* – Immanuel Kant
- *A ética protestante e o espírito do capitalismo* – Max Weber
- *Apologia de Sócrates* – Platão
- *Da república* – Cícero
- *O socialismo humanista* – Che Guevara
- *Da alma* – Aristóteles
- *Heróis e maravilhas* – Jacques Le Goff
- *Breve tratado sobre Deus, o ser humano e sua felicidade* – Baruch de Espinosa
- *Sobre a brevidade da vida & Sobre o ócio* – Sêneca
- *A sujeição das mulheres* – John Stuart Mill
- *Viagem ao Brasil* – Hans Staden
- *Sobre a prudência* – Santo Tomás de Aquino
- *Discurso sobre a origem e os fundamentos da desigualdade entre os homens* – Jean-Jacques Rousseau
- *Cândido, ou o otimismo* – Voltaire
- *Fédon* – Platão
- *Sobre como lidar consigo mesmo* – Arthur Schopenhauer
- *O discurso da servidão ou O contra um* – Étienne de La Boétie
- *Retórica* – Aristóteles
- *Manuscritos econômico-filosóficos* – Karl Marx
- *Sobre a tranquilidade da alma* – Sêneca
- *Uma investigação sobre o entendimento humano* – David Hume
- *Meditações metafísicas* – René Descartes
- *Política* – Aristóteles
- *As paixões da alma* – René Descartes
- *Ecce homo* – Friedrich Nietzsche
- *A arte da prudência* – Baltasar Gracián
- *Como distinguir um bajulador de um amigo* – Plutarco
- *Como tirar proveito dos seus inimigos* – Plutarco

Conecte-se conosco:

f facebook.com/editoravozes

◉ @editoravozes

🐦 @editora_vozes

▶ youtube.com/editoravozes

🟢 +55 24 2233-9033

www.vozes.com.br

Conheça nossas lojas:

www.livrariavozes.com.br

Belo Horizonte – Brasília – Campinas – Cuiabá – Curitiba
Fortaleza – Juiz de Fora – Petrópolis – Recife – São Paulo

EDITORA VOZES LTDA.
Rua Frei Luís, 100 – Centro – Cep 25689-900 – Petrópolis, RJ
Tel.: (24) 2233-9000 – E-mail: vendas@vozes.com.br